U0558120

养老金可持续发展路径研究

张燕婷　王　忠　著

经济日报出版社
北京

图书在版编目（CIP）数据

养老金可持续发展路径研究 / 张燕婷，王忠著.
北京 ：经济日报出版社，2024.7. -- ISBN 978-7-5196-1492-8

Ⅰ. F842.612

中国国家版本馆 CIP 数据核字第 2024EV4225 号

养老金可持续发展路径研究

YANGLAOJIN KECHIXUFAZHAN LUJING YANJIU

张燕婷　王　忠　著

出　版：经济日报出版社
地　址：北京市西城区白纸坊东街 2 号院 6 号楼 710（邮编 100054）
经　销：全国新华书店
印　刷：北京建宏印刷有限公司
开　本：710mm×1000mm　1/16
印　张：13.75
字　数：174 千字
版　次：2024 年 7 月第 1 版
印　次：2024 年 7 月第 1 次
定　价：78.00 元

本社网址：edpbook.com.cn，微信公众号：经济日报出版社

本社法律顾问：北京天驰君泰律师事务所，张杰律师　举报信箱：zhangjie@tiantailaw.com
举报电话：010-63567684
本书如有印装质量问题，请与本社总编室联系，联系电话：010-63567684

目 录

Contents

表目录

图目录

第一章　养老金可持续发展面临的形势和挑战

目前，从全球来看，人口老龄化的发展进程不断加快、程度不断加深，对各国养老金制度的可持续性都产生着较大影响。与此同时，随着经济全球化不断走向深入，全球范围内劳动力成本的竞争日趋激烈，企业迫切要求减负，这在一定程度上挤压了养老金缴费空间。从我国来看，除了日益严峻的人口老龄化和不断扩大的经济全球化外，新型城镇化进程正在不断加快，数字经济、平台经济的兴起带来了就业方式多样化，家庭结构日益小型化，这些都将对未来养老金可持续发展产生深远而重大的影响。

第一节　全球人口老龄化形势

人口老龄化是当前全球人口变化的重要发展趋势，其既是公共卫生、医学、经济和社会发展进步的重要标志，也对全球可持续发展产生重大而持久的影响。全球老年人口绝对规模在最近几十年内迅速增加，人口老龄化速度持续加快。

人口老龄化是指总人口中老年人口占比不断增加和人口平均年龄持续上升的动态发展过程。老年人口的定义依赖于年龄的规定，一般将老年人口的年龄下限界定为60岁或65岁。国际比较中通常将65岁及以上的人口作为老年人口的衡量标准。

1956年，联合国在其《人口老龄化及社会经济后果》报告中，明确提出划分人口类型和衡量人口老龄化程度的标准。联合国根据65岁及以上老年人口占总人口的比例将一国人口类型划分为年轻型人口结构（Young Population）、成年型人口结构（Mature Population）和老年型人口结构（Aged Population）。如果65岁及以上人口占总人口的比例小于4%称为年轻型人口结构，介于4%—7%称为成年型人口结构，超过7%称为老年型人口结构。一国进入老年型人口结构意味着开始进入老龄化社会（Aging Society）。为反映一国或地区人口老龄化的速度和水平，可将标准进一步细分：如果65岁及以上人口占总人口的比重超过14%，则被视为进入老龄社会（Aged Society），如果这一比例超过20%，则意味着进入超老龄社会（Super-Aged Society）。

人口老龄化反映人口年龄结构逐步老化的转变过程，其重要表现是总人口中老年人口比例的增加。学界除了使用60岁或65岁老年人口占总人口比重的衡量指标外，还经常使用老年抚养比这一指标反映人口老龄化的程度。老年抚养比是根据65岁及以上老年人口占20—64岁（或是15—64岁）人口的比重计算得出，这一比例经常用于衡量老年人口对社会和经济的依赖程度。

20世纪中叶以来，世界老年人口的绝对规模及其占总人口的比例都在迅速增加。虽然老龄化在发达国家开始较早，但在发展中国家人口老龄化速度更加明显，逐渐成为一种全球趋势，大多数国家或地区在不同程度上经历着老龄化。2020年，全球65岁以上人口规模为7.27亿人。联合国预测数据显示，2050年老年人口绝对规模将比2015年增长一倍多，这意味着2015年世界人口中有1/8的人口年龄在60岁及以上，而到了2050

年，1/5 的人口将达到 60 岁及以上，65 岁及以上老年人口数量将超过 15 亿，全球 65 岁及以上人口占总人口的比例将从 2020 年的 9.3% 增加到 2050 年的 16%，届时全球将有 1/6 的人口年龄在 65 岁及以上。更为重要的是，全球高龄老年人口变化更加显著，80 岁及以上老年人口占全球总人口的比例已经从 1950 年的 0.6% 上升到 2010 年的 1.6%，预计到 2050 年将占到全球总人口的 4.1%。到 2030 年，全球 100 岁及以上老人的数量预计将增长一倍以上，到 2050 年将达到 340 万。

对于人口老龄化，不同国家正经历着不同的发展阶段，既有共性也有特殊性。概括而言，全球人口老龄化的发展具有以下四个基本特征。

一、高龄人口占比快速增加

联合国数据显示，全球 80 岁及以上人口的增长速度明显快于 60 岁及以上人口的增长速度。80 岁及以上人口的数量已经从 1990 年的 5400 万增长到 2019 年的 1.43 亿人，增长了近 2 倍。预计到 2050 年，80 岁及以上人口数量将达到 4.26 亿，较之 2019 年增长近 3 倍。2019 年，80 岁及以上人口最多的地区在欧洲和北美（5390 万），东亚和东南亚（4860 万）次之。到了 2050 年，超过一半的 80 岁及以上人口将居住在东亚和东南亚（1.77 亿），其次是在欧洲和北美，总人数为 1.09 亿。高龄人口增长最快的是北非和西亚、大洋洲以及东亚和东南亚，增长速度均超过 250%。需要特别注意的是，女性高龄人口占比比较高，预计到 2050 年，65 岁及以上女性人口占全球总人口的比例将达到 54%，虽然随着男女存活率的差别逐渐缩小，80 岁及以上男女人口比例将趋于平衡，女性高龄者的占比略有下降，但仍然高于男性高龄人口占比。2050 年，80 岁及以上女性人口占比仍高达 59%。

表 1　2019 年和 2050 年 80 岁及以上老年人口情况

单位：百万人

地区	80 岁及以上老年人口数		变化情况
	2019 年	2050 年	2019—2050 年
撒哈拉以南的非洲	3.7	12.4	238.1%
北非和西亚	5.2	20.3	291.0%
中亚和南亚	18.5	62.6	239.0%
东亚和东南亚	48.6	177.0	264.1%
拉丁美洲和加勒比地区	12.0	41.4	245.2%
澳大利亚和新西兰	1.2	3.3	168.4%
大洋洲（除澳大利亚和新西兰外）	0.1	0.2	269.1%
欧洲和北美	53.9	109.1	102.6%

资料来源：United Nations Department of Economic and Social Affairs，Population Division. World Population Prospects 2019，2019：p.6.

二、平均预期寿命不断延长

除了生育率下降带来的影响外，老年存活率的上升对人口老龄化作出重要贡献。世界人口的寿命越来越长。2019 年全球出生人口预期寿命为 72.3 岁，其中，女性预期寿命为 74.7 岁，比男性（69.9 岁）平均高出 4.8 年。1990—1995 年至 2015—2020 年，全球出生人口预期寿命增加了 7.7 岁，预计 2015—2020 年至 2045—2050 年还将增加 4.5 岁。未来增长最快的是撒哈拉以南的非洲地区，将从 1990—1995 年的 49.1 岁增长到 2015—2020 年的 60.5 岁，预计 2015—2020 年至 2045—2050 年将继续延长 7.6 年。平均而言，2015—2020 年，北非和西亚地区、东亚和东南亚地区、拉丁美洲和加勒比地区、澳大利亚和新西兰以及欧洲和北美地区的出生人口平均预期寿命高于全球平均水平，其中，澳大利亚和新西兰出生人口平均预期寿命最长，高达 83 岁，男性和女性平均预期寿命分别为 81.1 岁和 85 岁，欧洲和北美地区次之，为 78.5 岁。撒哈拉以南非洲地区的平均预期寿命最短，仅为 60.5 岁。更为重要的是，老年人预期余命的改善速度更快。65 岁人口的预期余命用于反映 65 岁老年人口平均存活的年数。从全球范围看，2015—2020 年，65 岁人口的平均预期余命为 17 年，到 2045—2050 年，平均预期余命将上升到 19 年。澳大利亚和新西兰平均预期余命将从 2015—2019 年的 21.2 年上升到 2045—2050 年的 23.9 年，相比之下，大洋洲和撒哈拉以南非洲 65 岁及以上人口的预期余命将分别达到 14 年和 14.2 年。

表 2　2015—2020 年全球不同地区出生人口预期寿命和 65 岁人口预期余命

单位：岁

区域	出生人口预期寿命				65 岁人口预期余命			
	平均值	女性	男性	性别差异	平均值	女性	男性	性别差异
撒哈拉以南的非洲	60.5	62.3	58.8	3.5	12.8	13.4	12.1	1.3
北非和西亚	73.5	75.7	71.3	4.4	16.0	17.1	14.8	2.3
中亚和南亚	69.5	70.9	68.2	2.7	14.7	15.2	14.1	1.1
东亚和东南亚	76.3	79.0	73.7	5.3	17.2	18.9	15.5	3.4
拉丁美洲和加勒比地区	75.2	78.5	72.0	6.5	18.2	19.5	16.7	2.8
澳大利亚和新西兰	83.0	85.0	81.1	3.9	21.2	22.6	19.9	2.7
大洋洲（除澳大利亚和新西兰外）	66.3	67.8	64.9	3.0	12.6	12.9	12.3	0.6
欧洲和北美	78.5	81.6	75.4	6.1	19.1	20.5	17.4	3.1

续表

区域	出生人口预期寿命				65 岁人口预期余命			
	平均值	女性	男性	性别差异	平均值	女性	男性	性别差异
全球平均水平	72.3	74.7	69.9	4.8	17.0	18.3	15.6	2.7

资料来源：United Nations Department of Economic and Social Affairs，Population Division. World Population Prospects 2019，2019：p.11.

三、老年抚养比持续增加

20 世纪 90 年代以来，老年抚养比持续增加，但各国增长水平和速度各不相同。2019 年，全球老年抚养比（65 岁以上人口与 20—64 岁人口）的比例为 16%，预计到 2050 年老年抚养比将上升到 28%。欧洲和北美地区老年抚养比增长迅速，将从 2019 年的 30% 上升到 2050 年的 49%。在澳大利亚和新西兰，老年抚养比预计从 2019 年的 27% 上升到 2050 年的 42%。在东亚和东南亚地区，老年抚养比将从 2019 年的 18% 上升到 2050 年的 43%，而在拉丁美洲和加勒比地区，同期的老年抚养比将从 15% 上升到 33%，在北非和西亚以及中亚和南亚地区的老年抚养比将从 2019 年的 10% 上升到 2050 年的 22%，增长 1 倍以上。相比较而言，大洋洲和撒哈拉以南非洲地区的老年抚养比相对较低，分别从 2019 年的 8% 和 7% 上升到 2050 年的 14% 和 9%。

四、人口老龄化地区发展不平衡

全球大部分国家正在经历人口结构的迅速老化，但各地区之间存在明显差异，这与不同国家收入水平差异有很大的相关性。越是发达国家，其生育率更低和预期寿命更长。生育率水平较低的国家主要集中在欧洲和东亚地区的发达国家，比如波斯尼亚和黑塞哥维那、新加坡的总和生育率很低，平均每个育龄妇女平均生育 1.28 个孩子。虽然发展中国家的老年人口占比较低，但其增长速度很快，东亚、东南亚以及拉丁美洲和加勒比地区的人口老龄化速度最快，撒哈拉以南非洲地区的总和生育率很高，比如，索马里为 6.61、马里为 6.86 和尼日尔为 7.58。在东亚和东南亚地区，65 岁及以上人口的比例几乎翻了一番，从 1990 年的 6% 上升到 2019 年的 11%，拉丁美洲和加勒比地区的 65 岁及以上老年人口占比从 1990 年的 5% 上升到 2019 年的 9%。2019—2050 年，预计北非和西亚、中亚和南亚、拉丁美洲和加勒比、东亚和东南亚地区老年人口占比至少翻一番，其中增幅最大的 10 个国家或地区分别是韩国、新加坡、中国台湾、中国澳门、马尔代夫、泰国、中国香港、西班牙、科威特和文莱，其中有 9 个位于东亚和东南亚地区，其中增幅最大的是韩国，65 岁及以上人口增幅达到 23%，新加坡和中国台湾紧随其后，增幅分别是 21% 和 20%。西班牙是未来三十年间老年人口比例增长最多的欧洲国家。

从绝对规模上，东亚和东南亚是全球老年人口绝对规模最多的地区，2019 年该地区老年人口规模为 2.61 亿；欧洲和北美地区次之，为 2 亿。2019—2050 年，全球所有地区的老年人口规模都会增加，但各地区增长幅度和增长速度存在明显差异。从增长幅度上看，东亚和东南亚人口增长最多，从 2019 年的 2.61 亿增长到 2050 年的 5.73 亿；中亚和南亚增长次之，增长了 2.09 亿。老年人口绝对规模增长最慢的是大洋洲（除澳大利亚和新西兰外），仅增加 100 万。

从增长速度上看，北非和西亚地区的老年人口增长最快，从 2019 年的 2940 万增加到 2050 年的 9580 万，增长了 2.26 倍；撒哈拉以南非洲地区增长速度次之，从 2019 年的 3190 万增长到 2050 年的 1.01 亿，增长了

2.18倍（见表3）。相比之下，澳大利亚和新西兰、欧洲和北美地区的人口规模增长相对较少，这些地区的人口老龄化程度较深。

表3　2019年和2050年65岁及以上老年人口情况

单位：百万人

地区	2019年	2050年	2019—2050年变化情况
撒哈拉以南的非洲	31.9	101.4	218%
北非和西亚	29.4	95.8	226%
中亚和南亚	119.0	328.1	176%
东亚和东南亚	260.6	572.5	120%
拉丁美洲和加勒比地区	56.4	144.6	156%
澳大利亚和新西兰	4.8	8.8	84%
大洋洲（除澳大利亚和新西兰外）	0.5	1.5	190%
欧洲和北美	200.4	296.2	48%

资料来源：United Nations Department of Economic and Social Affairs，Population Division. World Population Prospects 2019，2019：p.5.

各地区老年人口占总人口比例的相对规模变化也有明显的地区差异。过去30年时间内，澳大利亚和新西兰、东亚和东南亚以及欧洲和北美地区的老年人口占总人口的比例迅速增长，预计东亚和东南亚的老年人口占比将特别迅速。2019年，东亚和东南亚地区65岁及以上人口占全球老年人口总数的比例最大，为37%，预计到2050年，该地区依然保持领先。欧洲和北美地区的老年人口相对规模位居全球第二，2030年欧洲和北美地区的老年人口占世界总人口的比例将达到25%，即每4人中有1人超过65岁。预计到2050年该比例将下降到19%，中亚和南亚地区老年人口占全球老年人口的比例将从2019年的17%上升到2050年的21%。撒哈拉以南非洲地区、北非和西亚地区的老年人口占比将分别从5%上升到7%、从4%上升到6%。值得注意的是，虽然撒哈拉以南非洲地区65岁及以上人口绝对规模在未来30年内预计增长2倍，但其占总人口的比例相对较小，撒哈拉以南非洲地区人口结构仍然相对年轻，近一半人口在 20 岁及以下。

总之，2050 年欠发达国家老年人口将占到世界老年人口的 2/3 以上，未来发展中国家 65 岁及以上老年人口增长最快。此外，以老年抚养比为衡量标准，2019 年，欧洲和北美地区的老年抚养比最高，每 100 名 20—64 岁工作年龄人口对应 30 名 65 岁及以上老年人口，澳大利亚和新西兰次之，每 100 名工作年龄人口对应 27 名 65 岁及以上老年人口，预计老年抚养比将进一步上升，到 2050 年，欧洲和北美地区老年抚养比将达到 49%，澳大利亚和新西兰将达到 42%，与之相对应，大洋洲和撒哈拉以南非洲地区的老年抚养比相对较低，每 100 名工作年龄人口分别对应 7 名和 9 名 65 岁及以上老年人口，到 2050 年大洋洲和撒哈拉以南非洲地区的老年抚养比将分别增加到 14% 和 9%。当前，老年抚养比较高的国家或地区主要集中在欧洲，而到了 2050 年，将有更多的亚洲国家加入老年抚养比较高的行列。综上，欧洲和北美地区的人口老龄化程度较深，而亚洲地区的老年人口规模较大，增长较快。

第二节 我国人口老龄化特点

中国作为世界人口最多的国家之一，面临着人口老龄化的巨大挑战。较之大多数发达国家，中国进入人口老龄化社会的时间较晚，但其发展速度很快，在短短 20 多年时间内实现 65 岁及以上老年人口占总人口的比重从 7% 上升到 14%，发展速度如此之快的原因之一在于 1979 年中国开始实行计划生育政策，加快了这一进程。2019 年，65 岁及以上老年人口占比达到 12.6%，据预测，“十四五”时期，全国老年人口将突破 3 亿人，实现从轻度老龄化到中度老龄化过渡。

一、老年人口绝对规模大、增长速度快

老年人口基数大和发展速度快是中国人口老龄化的突出特征。20世纪80年代以前，中国属于年轻型人口增长模式，1953年，65岁及以上人口占总人口的比重为4.41%，0—14岁人口占比为36.28%。到了1982年，65岁及以上老年人口数为4991万人，占比为4.9%，0—14岁人口比重为33.6%，30年时间内65岁及以上人口占比仅增长了0.5%左右。1990年，65岁及以上老年人口占比逐步增加，而同期0—14岁人口占比下降明显。2000年，65岁及以上老年人口数为8821万人，占比为7%，0—14岁人口占比为22.9%，老年型年龄结构初步形成，中国开始步入老龄化社会。21世纪是中国老年人口规模大幅攀升的时期。2005年，中国65岁及以上老年人口突破1亿，超出部分发达国家的总人口数。2014年，65岁及以上老年人口达到1.38亿人，占总人口比例为10.1%。2010—2020年，65岁及以上人口增长了4.63%，较上个十年提高了2.72%。第七次人口普查数据显示，2020年，0—14岁人口为2.53亿人，占比为17.95%，15—59岁人口为8.94亿人，占比为63.35%，65岁及以上人口为1.91亿人，占比为13.50%。据预测，中国将于2033年进入重度老龄化，届时65岁及以上人口比例大约为21%。中国实现65岁及以上老年人口占比从4.9%上升到7%仅用了18年左右，从7%上升到14%仅需约22年，相比其他主要发达国家的人口老龄化速度较快。

二、老年人口高龄化现象日益凸显

伴随着不断加快的人口老龄化进程，老年人口的高龄化趋势明显。一般而言，60—69岁认定为低龄老年人口，80岁及以上认定为高龄老年人

口。1953—2017 年，65—69 岁低年龄组人口在老年人口占比中占据主体，但其比例出现明显下降，从 1953 年的 47.04% 下降到 2017 年的 39.52%，而 80 岁及以上高龄老年人口的绝对规模和比例明显上升，高龄老年人口绝对规模呈现先降后升的发展趋势，从 1953 年的 185.47 万人下降到 1964 年的 181.26 万人，随后上升到 2000 年的 1200 万人、2015 年的 2500 万人和 2017 年的 2880.22 万人，预计到 2032 年将超过 5000 万人，随后在 2048 年超过 1 亿人，最终于 2050 年攀升至 1.09 亿人。从相对规模看，中国 65 岁及以上老年人口占比将从 1964 年的 7.37% 增长到 2017 年的 18.20%。中国 60—79 岁的中低龄老年人口占 60 岁及以上人口的比例将从 2015 年的 88.5% 持续下降到 2050 年的 76.8%，而 80 岁及以上高龄老年人口占比将从 11.5% 持续上升到 23.2%，即到了 21 世纪中叶，大约 4 个中国老年人中将有 1 位年龄在 80 岁及以上。未来 65 岁及以上老年人口的年平均增长速度为 2.3%，而同期 80 岁及以上高龄老年人口的年平均增长速度为 4.2%，这意味着高龄化的速度快于人口老龄化的平均速度。

三、城乡和区域人口老龄化差异明显

因中国地区经济发展不平衡的影响，人口老龄化的城乡和区域差异明显，具体体现在：一是城乡老龄化程度不平衡。由于中国工业化和城镇化进程持续推进，大量农村年轻劳动力纷纷向城市集聚，劳动力加剧流动导致人口老龄化出现明显的城乡倒置现象，呈现出农村人口老龄化程度高于城镇、速度快于城镇的发展特征。2000 年，中国农村和城市人口老龄化程度分别是 10.9% 和 9.7%，农村人口老龄化程度比城市高出 1.2 个百分点。第七次人口普查数据显示，全国农村 60 岁、65 岁及以上老年人口占比分别为 23.81% 和 17.72%，分别比城镇高出 7.99% 和 6.61%。随着越来越多的青壮年劳动力涌入城市，未来一段时间内农村人口老龄化程度仍将高于城市。二是地区之间分布不平衡。中国人口老龄化程度在地区之间分布不均衡现象明显。全国人口老龄化排名前七位的依次为：辽宁（25.72%）、上海（23.38%）、黑龙江（23.22%）、吉林（23.06%）、重庆（21.87%）、江苏（21.84%）和四川（21.74%）。地区分布上，老龄化程度较深的主要集中在东北地区、长三角地区和川渝地区。中西部地区人口老龄化速度相对缓慢，目前西藏人口年龄结构尚轻。

第三节　人口老龄化对养老金可持续性的影响

人口老龄化的直接影响就是老年抚养比恶化，一方面，缴费人数减少、缴费能力总体减弱；另一方面，养老金待遇领取人数增加、养老金支出迅速增加，这将对养老金可持续性产生消极影响。伴随着全球范围内的人口老龄化趋势，老年人口的大量增加加剧了在职劳动者的负担。同时，很多国家经济增速放缓，造成了国家财政的极大困难。在人口结构变化和经济增速放缓的叠加影响下，实行待遇确定型现收现付的养老保险制度的国家越来越难以支撑日渐沉重的养老压力，由此导致老年人最终获得的人均养老金水平不断下降。尽管人口老龄化对养老保险制度的财务平衡总体上表现出不利影响，但其也有积极的一面。如生育率的下降会引发人力资本积累效应，即父母更重视孩子的养育质量而非孩子数量，从而让下一代积累更多的人力资本，这样会提升未来的工资水平以及养老金制度的收入。

一、人口老龄化推高老年赡养率，影响制度财务可持续性

人口老龄化是全人类面临的重要发展趋势。现收现付养老保险制度的资金来源于雇主和雇员的缴费，缴费额用于支付同期退休劳动者的待遇。该制度的代际均衡条件是获得生物回报率，因此现收现付制要想保证可持续性主要在于实现人口的稳态增长或保持较低的老年抚养比。而人口老龄化导致的老年抚养比持续上升，会破坏现收现付制的均衡条件，引发养老金供求比例的失调，从而严重影响养老金制度的财务可持续性。

由于出生率和死亡率的下降，近些年人口老龄化趋势逐渐增强，尤其在部分发达国家人口高龄化现象日益突出。德国、意大利、英国、法国和瑞典等国家65岁及以上人口占总人口的比重在20%以上，日本甚至进入超老龄社会。人口老龄化使得养老保险制度所面临的老年赡养率持续上升，这意味着向现收现付制养老金系统提供资金的劳动者数量减少，而领取养老金的退休人员数量增多，养老保险基金所面临的支付压力较大。

数据显示，OECD国家老年赡养率已经从1950年的13.9%上升到1990年的20.6%，预计2050年和2080年将分别达到53.4%和60.8%。部分国家人口老龄化程度更深，未来老年人口赡养率将达到70%以上。比如，希腊、意大利、日本、韩国、葡萄牙和西班牙在2050年将分别达到75%、74.4%、80.7%、78.8%、71.4%和78.4%；而人口年龄结构相对较轻的墨西哥、以色列和土耳其，2050年老年人口赡养率也会相应达到28.9%、31.3%和37%（见表4）。

表4 1950—2080年OECD国家老年人口赡养率情况

单位：%

国家	1950年	1960年	1990年	2020年	2050年	2080年
澳大利亚	14.0	16.0	18.8	27.7	41.6	49.4
奥地利	17.3	21.0	24.3	31.3	56.0	60.2
比利时	18.1	20.3	24.8	33.1	51.3	56.8
加拿大	14.0	15.1	18.4	29.8	44.9	54.0
智利	7.2	7.9	10.9	19.7	44.6	67.5
捷克	13.9	16.3	22.0	33.8	55.9	52.8
丹麦	15.6	19.0	25.9	34.9	44.6	52.4
爱沙尼亚	19.3	17.7	19.7	34.9	54.9	63.2
芬兰	11.9	13.5	22.0	40.1	51.4	65.0
法国	19.5	20.8	24.0	37.3	54.5	62.2
德国	16.2	19.1	23.5	36.5	58.1	59.5
希腊	12.4	12.2	22.9	37.8	75.0	79.7
匈牙利	13.2	15.5	22.9	33.4	52.6	55.4
冰岛	14.1	16.4	19.0	26.6	46.2	64.5
爱尔兰	20.9	22.8	21.6	25.0	50.6	60.0
以色列	7.1	9.1	17.8	23.9	31.3	39.9
意大利	14.3	16.4	24.3	39.5	74.4	79.6
日本	9.9	10.4	19.3	52.0	80.7	82.9
韩国	6.3	7.6	8.9	23.6	78.8	94.6
拉脱维亚	18.1	17.7	19.9	35.5	53.0	49.9
立陶宛	17.5	14.0	18.4	34.7	55.7	55.7
卢森堡	15.8	17.6	21.1	22.3	43.8	50.1
墨西哥	8.0	8.3	9.6	13.2	28.9	50.9
荷兰	13.9	16.8	20.6	34.3	53.3	62.2
新西兰	16.3	17.0	19.5	28.3	43.8	57.5
挪威	16.0	19.8	28.5	29.6	43.4	53.4
波兰	9.4	10.5	17.3	30.5	60.3	68.6
葡萄牙	13.0	14.8	23.9	38.6	71.4	72.3
斯洛伐克	11.9	12.6	18.2	26.5	54.6	58.1
斯洛文尼亚	12.5	13.7	17.3	34.7	65.0	60.7
西班牙	12.8	14.6	23.1	32.8	78.4	74.4
瑞典	16.8	20.2	30.9	35.9	45.5	53.4
瑞士	15.8	17.6	23.6	31.3	54.4	56.7

续表

国家	1950 年	1960 年	1990 年	2020 年	2050 年	2080 年
土耳其	6.5	7.0	9.4	15.2	37.0	58.2
英国	17.9	20.2	26.9	32.0	47.1	55.1
美国	14.2	17.3	21.6	28.4	40.4	51.1

注：老年人口赡养率是指 65 岁及以上老年人口占 20—64 岁劳动年龄人口的比例。

资料来源：OECD. Pensions at a Glance 2019：OECD and G20 Indicators，Paris：OECD Publishing，2019：p.175. https：//www.oecd-ilibrary.org/docserver/b6d3dcfc-en.pdf ？ expires=1630628134&id=id&accname=guest&checksum=B8DE74DDD57E20143800CD5CA1CDA249.

同时，由于生活水平的提高和医疗条件的逐渐改善，各国平均预期寿命不断延长。根据联合国人口统计数据，预计到 2050 年全球将近 80% 的国家进入人口老龄化，全球人口的平均预期寿命将从 1950 年的 46.8 岁提高到 2050 年的 77.1 岁，增加了 30.3 岁。平均预期寿命的延长意味着如果退休年龄保持不变，劳动者退休后领取养老金的平均年限相应延长，现收现付养老保险制度基金收支不平衡将难以避免，需要外部资金注入以实现基金收支平衡。

因为现收现付养老保险制度的财务平衡在人口老龄化日益加深的条件下难以为继，所以很多国家尝试将现收现付制转为基金积累制。但是，基金积累制的养老保险制度应对人口老龄化的效力也有待检验。比如，深受预期寿命延长的影响，基金制下的个人养老金年均水平也会逐渐降低。这主要是因为随着人类预期寿命的不断延长，在此背景下准确预见个人预期寿命的长度变得越来越困难，从而难以准确把握工作时期应如何进行养老储蓄，给养老金的筹资与给付带来了不确定性，因此基金制下自己养自己的养老模式未必可实现。如果经济增长状况不好，那么基金制的回报率也会下降，从而难以保证养老保险的可持续性。

二、人口老龄化加大了财政预算压力

政府对公共养老金制度承担着重要的财政责任，政府财政收入是公共养老金制度基金收入的重要组成部分。20 世纪 80 年代以来，伴随着西方世界经济增速放缓和失业率的上升，公共财政收入逐渐减少。而养老保险制度的不断成熟，使得养老金待遇水平不断提高，越来越多的参保者纳入保障范围，大部分国家养老金支出面临巨大的财务压力。

据欧盟的估计，西欧 15 国的公共养老金支出占 GDP 的比重将从 2010 年的 10.4% 上升到 2050 年的 13.3%，而美国的公共养老金支出占 GDP 的比重将从 2010 年的 4.2% 上升到 2050 年的 6.4%。中国所经历的快速人口老龄化也导致公共养老金支出水平加速提升。中国 2005—2014 年公共养老金支出年均增长率为 20.9%，2014 年公共养老金支出水平达到 GDP 的 3.7%；预计 2030 年公共养老金支出水平将达到 GDP 的 6.2%，接近或超过一些 OECD 国家的公共养老金支出水平；2050 年公共养老金支出水平将达到 GDP 的 9%。人口老龄化带来的养老金待遇支付压力的迅速扩大和财政收入的减少，容易导致养老金财务危机，公共财政将越来越不堪重负，从而间接削弱了养老保险制度运行的经济基础。

三、人口老龄化加剧可能降低养老金待遇水平

在人口老龄化的影响下，受限于缴费率上升的局限性，未来养老金待遇水平或者说替代率将呈下降趋势并保持在较低水平。以中国为例，2020—2050 年老龄化程度会急剧攀升，劳动供给人数大幅下降，从而导致工资水平大幅提升。然而，老年人口比重的迅速提高意味着更多的老年人参与分享社会经济发展成果，对养老金的需求明显增加，人均领取的养老

金将会明显降低，单纯依靠政府主导的公共养老金制度难以维持其退休后的基本生活水平。这一期间工资和养老金待遇水平的反向变化，导致了养老金的替代率大幅降低，从 2020 年的 55.4% 降低到 2050 年的 33.7%，而且在 2050 年以后会常态化。养老金替代率的下降使得老年群体意识到自己养老福利的下降，部分老年人极容易因养老金不足陷入贫困，从而引起老年群体的不满，不利于社会稳定。

四、人口老龄化为养老保险第二、第三支柱发展带来机遇

人口老龄化给公共养老金制度或者说养老金体系第一支柱带来的筹资挑战压力和财务不可持续的风险，这在一定程度上为养老金体系第二、第三支柱的发展提供了空间。随着劳动力市场老年群体比例的上升、年轻群体比例的下降和劳动者流动性的加剧，雇主为适应这些变化，自愿提供养老金福利计划的可能性大大提升，旨在吸引和激发老年群体的劳动生产率。此外，为了保障老年生活，劳动者及其工会组织也有动力给雇主施压，让雇主提供更多的养老金福利，在此影响下带动了第二支柱养老保险制度的发展。

对于第三支柱个人养老金制度和商业养老保险而言，人口老龄化会积极促进其发展。第三支柱养老保险有着自愿性和灵活性的特点，更多地体现个人行为，是对第一、第二支柱的重要补充，能为个人养老提供额外的多样化保护。随着预期寿命的延长，理性的个体为提高老年生活质量，在青壮年时期考虑为老年的生活做准备，承担更多的责任，因此必将产生更多的需求，从而为第三支柱养老保险的发展提供了机遇。从宏观层面看，老年人口比例的提高意味着社会总需求结构会发生相应的变化，所以人口老龄化为个人养老市场的发展和成熟提供了契机。

第四节　我国养老金可持续发展面临的其他形势和挑战

除全球人口老龄化这一传统挑战外，新型城镇化、就业方式多样化、数字化时代的到来都给我国养老金可持续发展带来诸多挑战。

一、新型城镇化

党的十八大以来，在以人为核心的新型城镇化战略指引下，我国城镇化进入提质增效新阶段，取得了历史性成就。城镇化水平稳步提高，发展活力不断释放，服务功能持续完善，人居环境更加优美，城市发展质量稳步提升。从特征上来看，一是农业转移人口市民化成效明显。截至2021年底，全国总人口14亿多，其中城镇人口达9亿多，常住人口城镇化率为64.7%，而2010年全国人口普查城镇化率不到50%，2000年则为36.09%，可见，20年间我国城镇化率保持了高速增长。二是城镇基本公共服务覆盖范围扩大。农民工参加城镇职工基本医疗和养老保险的比例提高，随迁子女在常住地接受义务教育的要求落实，2021年90.9%的义务教育阶段随迁子女在流入地公办学校就读或享受政府购买学位服务。三是城乡一体化进程不断加快，城乡融合成绩卓著。具体表现为城乡居民收入差距持续缩小，城乡统一的居民基本养老保险和医疗保险制度有效建立，社会保险覆盖范围持续扩大。

随着新型城镇化进程的加速推进，人口流动迁移将处于高度活跃、流动性强的状态，必然会对流入地和流出地的人口服务管理带来影响。当然，对社会保障制度如何适应人口向城镇流动提出新的要求，特别是城乡之间职工与居民社保制度的发展和衔接。需要注意的是，我国目前的户籍人口城镇化率只有 46.7%，比常住人口城镇化率低了近 20 个百分点，这就不可避免地存在户籍歧视、待遇差距大、公平性不足、公共服务不均等问题。比如，我国已经建立了城镇职工基本养老保险制度和城乡居民基本养老保险制度两大主体，虽然制度模式和顶层设计是一致的，但在缴费档次和待遇水平等方面存在着很大差距。截至 2023 年底，全国参加城镇职工基本养老保险人数 5.21 亿人，参加城乡居民基本养老保险人数约 5.45 亿人，全国城镇企业职工月均养老金约为 3000 元，全国城乡居民月均养老金约为 200 元。

二、就业方式多样化

当前，我国就业格局已经发生明显变化，非公有制经济成为吸纳新生和存量劳动力的主要渠道，超过 2 亿劳动者以灵活方式就业。特别是随着数字经济快速发展，商业模式快速迭代，依托互联网平台的新就业形态脱颖而出，平台经济、零工经济、直播经济、共享经济等各类新型经济模式发展壮大，灵活就业以一种新的就业形态出现，与传统就业模式共生共存并不断发展壮大，成为吸纳就业、提高劳动参与率、增加劳动者收入的重要渠道。灵活就业人员的就业方式多元多样，在劳动关系、就业岗位、工作时间、工资收入等方面均呈现出许多新特征。

伴随着劳动关系灵活化、工作内容多样化、工作方式弹性化、工作安排去组织化、创业机会网络化等特征，传统的以“单位”为主体、依托传统劳动关系的社会保障体系已不能适应这种分散化、流动性强、弹性大、用工主体多样化的就业格局。以灵活就业人员参加城镇企业职工基本养老保险制度为例，虽然政策规定他们可以以个人身份参加职工养老保险，也可以选择参加居民养老保险。从现实情况来看，灵活就业人员大多仅参加了居民养老保险，同时难以被雇主主导的职业养老金覆盖，将来退休后养老保障水平有限。他们参加职工养老保险也面临诸多问题，如个别省份尚未放开参保户籍限制、以个人身份参保缴费压力较大、制度间转移接续时存在权益受损问题等。而且，灵活就业人员的工作和收入稳定性比职工差，即使参加了职工养老保险，其中断缴费、按下限缴费的比例较高，对整个养老保险基金的可持续发展不利。

三、数字化时代的到来

当前，新一轮科技革命和产业变革深入发展，数字化、网络化、智能化发展日新月异，已成为推动经济高质量发展的新引擎，为推进互联网便民利民惠民提供了广阔空间。党的十八大以来，我国加快建设数字中国、网络强国，取得显著成效。我国数字经济占国内生产总值的比例已达41.5%，到2025年，数字经济将迈向全面扩展期。数字经济的飞速发展为数字公共服务普惠化、社会治理精准化和智慧化提供了重要机遇，同时也是巨大的挑战。

虽然我国已经建成世界最大规模的社会保障体系，但面对庞大的参保缴费和待遇领取人群，推进社保经办数字化转型迫在眉睫。目前，我国社保数字化转型在政策方面和技术方面都面临一些问题，数据孤岛现象仍然存在，跨部门间信息共享程度较低，社保业务流程有待进一步简化，社保数据采集还存在一些技术障碍等。同时，社保经办数字化转型也面临地区发展不平衡问题，部分地区对于信息化管理的重视程度不足，社会保障制度建设的信息化水平还比较低，缺乏专业的数据信息管理人员。未来需要进一步加强数字赋能，为人民群众提供个性化、精准化、专业化、更加便捷高效的社保服务。

数字经济不仅改变了商业模式和生产方式，而且对就业市场和社会保障体系产生了深远的影响。数字经济的兴起带来了新的就业机会和工作模式。一方面，数字经济推动了新兴产业的发展，如云计算、人工智能、大数据分析等，为求职者提供了更多选择。另一方面，数字化转型使得传统行业面临着重大变革，部分传统岗位可能会被自动化技术替代。因此，数字经济的发展也对现有的社会保障体系提出了挑战。由于数字经济推动了雇佣关系的变化和非传统工作模式的兴起，传统的社会保障体系可能需要进行调整以适应这些变化。例如，非传统工作者（如自由职业者、平台工作者）的保障需求与传统雇员存在差异，需要新的社会保障政策来保障他们的权益。数字经济的发展促使社会保障体系更加灵活和包容，但也需要应对新兴问题，如非传统工作者的保障问题。

第二章　养老金可持续发展的主要理论问题

本章简单总结养老金制度可持续发展的有关基础理论，重点探讨养老金制度可持续性与充足性二者的关系、养老金体系可持续性与公共养老金制度可持续性辨析、人口老龄化背景下的现收现付制与基金积累制孰优孰劣以及制度的公平效率等理论问题，为下文的实证分析做好理论准备。

第一节　养老保险制度可持续发展的理论基础

养老保险本身既是分配行为，也是消费行为，它可以在不同时间和空间上有效实现不同群体间的收入再分配，使社会养老风险得以集合并有效分散，充分体现了个人与社会可持续发展的思想。

一、早期的个人消费决定理论

一是凯恩斯提出的“绝对收入假说”。消费会受本人收入水平影响，消费水平会随个人收入提高而提高，但存在边际消费倾向递减的规律。二是杜森贝利提出的“相对收入假说”。个人的短期消费函数和长期消费函数有很大不同。一方面，消费具有一定的“棘轮效应”。这是因为长期来看，人们的消费会随着收入水平的提高而提高，但短期内，受本人一贯消费习惯的影响，并不会随着收入的减少而降低消费。另一方面，消费还有“示范效应”，即个人的消费行为会受其周围人们消费水平的影响。三是弗里德曼提出的“持久收入假说”。个人的消费决策不仅取决于其现期收入，还会考虑其永久收入，即人们在做当前的消费决策时，还会将其以后的长期收入也考虑进来。

可以看出，在上述几个个人消费决定理论当中，个人在做消费决策时，怎样使个人当期效用最大化是其考虑重点，至于在满足自己当前消费的同时，对是否应该为自己老年生活做准备则不去考虑，即没有考虑到跨时消费—养老问题。

二、生命周期假说

“生命周期假说”是由莫迪利安尼等人提出来的，该理论认为，人们都会从个人效用最大化原则出发，将其本人生命周期内的收支平衡作为预算约束，然后根据本人一生的预期全部收入来决定自己一生的消费，因此，个人的现时消费行为要由其生命周期内的所有收入来确定。依据该理论，个人一生的消费支出将是平滑稳定的，不会有太大的波动。

莫迪利安尼生命周期假说对社会养老保险的贡献在于，它为建立强制性的社会养老保险制度提供了理论依据，但并不涉及代际之间的关系问题[①]。实际上，仅靠任何一个个体都不足以完全应对老年风险，需要在更广范围内分散风险。

① 李媛媛．中国城镇职工基本养老保险保障水平分析与评价［D］．博士学位论文，2014.

三、大数法则数理基础

要在更广范围内分散风险，就会涉及概率论中的重要定律之一——大数法则。具体到养老保险制度方面，这意味着有足够多的成员参与，需要专业机构对风险发生的概率作出评估，然后按照精算原则收取相应的费用，用来对一些成员的风险损失进行补偿。这样可以在同代人之间实现风险分散，不仅降低每位成员的养老成本和风险，还能够让社会成员更加经济、更有效率地养老。大数法则为养老保险制度提供了理论基础。

四、代际交叠模型

上述理论都不涉及代际间的养老问题，而养老保险制度存在着代际间的必然联系。养老保险的初衷和目的就是要保障老年经济生活，解决老年经济需求，这既取决于老年人本人为其养老所做的储蓄，也取决于当期社会经济发展能否为这些老年人提供其所需。

因此，阿莱、萨缪尔森和戴蒙德等人创立了代际交叠模型，其出发点是，人的一生分为儿童、成年和老年三个阶段，不同代人会同时存在在每个阶段，每一代人都可以在不同代际间进行交易。假定每个人只在成年阶段有工作和收入，他要把工作期间取得的全部收入合理分配到当期消费、退休养老和子女抚养等方面；主要看其分配比例更倾向于当前消费，还是未来消费。针对有当前消费偏好的群体，政府可以采取强制缴税或强制要求其储蓄等方式，强制性要求其为个人养老做出必要的安排。而对于贫困人群，其晚年最低收入则由国家财政保障，如此才能实现社会整体养老的目标。

具体理论模型包括萨缪尔森提出的两期交叠模型、戴蒙德引入资本市场和人们储蓄行为的交叠模型以及索洛提出的新古典经济增长模型，如果确保劳动人口的增长和劳动生产率的提高，养老金也就有了保证。代际交叠模型不仅充分考虑了代际关系，还强调了在保障养老福利方面政府干预的重要性，甚至可以在年轻人和老年人之间进行分配，为现收现付制养老金模式打下了理论基础。

第二节　当前几个主要理论问题的探讨

一、制度可持续性和充足性的关系

充足性和可持续性都是养老金制度设计的重要目标。霍尔茨曼指出，强制性公共养老金计划提供的待遇水平应该是充足、可负担、可持续且稳健的[①]。罗夫曼等（2005）指出评价养老金制度的指标主要包括：覆盖面、充足性和可持续性[②]。世界银行报告认为，养老金制度应当首先按照以下主要标准进行评价，包括：改善福利水平的同时，实现充足性、可负担性、可持续性、稳健性，在此基础上，基于养老金体系对退休收入和经济稳定发展的作用，再按照次要标准进行评价，次要标准包括：减少劳动力扭曲、对储蓄的贡献、对金融市场发展的贡献等 。欧盟委员会将待遇充足性、财务可持续性和对变化的适应性作为判断养老金系统长期可持续的三大原则。建立欧洲共同体条约中对养老金制度目标的描述可以归纳为三个

---

① HOLZMANN，ROBERT，HINZ R. Old-Age Income Support in the 21st Century：An International Perspective on Pension Systems and Reform［R］. Washington，D.C：World Bank，2005，55-58.

② 赵青，李珍 . 公共养老金制度与居民消费关系研究——基于 CWED 数据的跨国经验分析［J］. 保险研究，2017（10）：90.

大目标，即充足性、财务可持续和体系现代化制度设计的重要目标。充足性和可持续性二者相辅相成，抛开充足性谈可持续性没有意义，因为养老保险制度的设计初衷就是要给老年人提供一定的生活保障[①]。

阿伦认为，不能否认在养老金制度改革中财务可持续的重要性，但只聚焦财务可持续显然是不够的，因为这会忽略养老金体系的初衷和目标，即消除贫困和平滑收入。财务可持续和充足性并非两个相互冲突的目标，而是硬币的两面。如果不能确保养老金制度的充足性，也无法实现真正的财务可持续。一般来讲，如果养老金体系达不到既定目标，将会产生巨大的政治压力，要求政府在其他方面花费更多，给予保障和支持。政治压力通常在这两种情况下产生：一是养老金制度没有达到其目标，未能满足人们的期望；二是代际不平衡，人们关心自己的缴费水平以及与上一代相比自己的待遇水平如何。因此，除了实现消除贫困和平滑收入这两个目标，养老金制度还需要考虑代际转移平衡。只有政策制定者理解这一点，才有可能实现养老金制度的社会可持续[②]。

在安联保险集团和美世咨询公司发布的养老金指数报告中，都对几十个国家养老金制度的可持续性和充足性数据进行了比较，并进行了分析，分析结果有助于我们把握国际范围内养老金体系可持续性和充足性之间的实际关系。

安联保险集团是在不考虑退休收入充足性的情况下对制度可持续性进行评估。在进行养老金制度改革时，充足性也是一个需要列入考虑的重要维度，因为提高养老金制度的可持续性可能是以牺牲充足性为代价的。制

① European Commission: Objectives and working methods in the area of pensions: Applying the open method of coordination. Joint Report of the Social Protection Committee and the Economic Policy Committee [M] . Luxembourg: Official Publications of the European Communities, 2001.

② Aaron George Grech. Assessing The Sustainability of Pension Reforms in Europe [J] .Journal of International & Comparative Social Policy, 2010 (2): 13.

度充足性下降会造成社会紧张，使改革不得人心，并增加了政策逆转的风险——所有这些都会危及制度的财务可持续性。世界各地的政策制定者都面临着平衡可持续性和充分性的艰巨任务。安联保险集团也曾经用充足性指标，根据国家提供充足退休收入的潜力对其进行排名。有趣的是，将根据可持续性标准得出的国家排名与通过充分性观察制度得出的排名进行对比。图 1 显示了可持续性（Pension Sustainability Index，PSI）排名与充足性（Retirement Income Index，RIA）排名的对比情况。

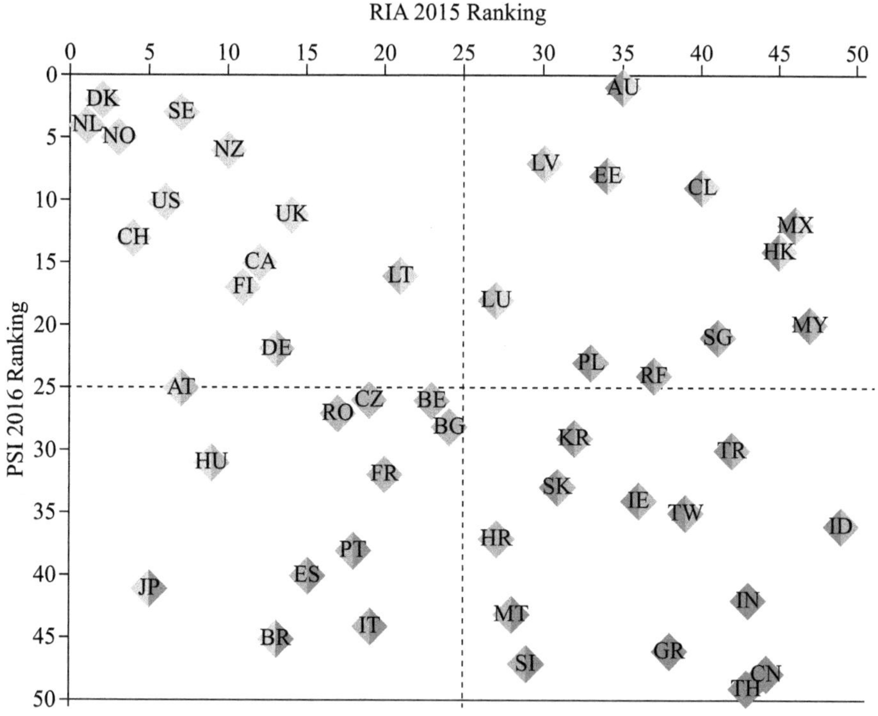

图 1　48 个国家的养老金充足性与可持续性对应情况

资料来源：安联养老金可持续指数报告 2016：20（国家缩略语见附录）。

很少有国家能够在可持续性和充分性两方面都获得高分，荷兰、挪威和新西兰除外。许多国家在一个维度得分很高，但在另一个维度得分不高。例如，许多南欧国家（即塞浦路斯、意大利、马耳他、葡萄牙、斯洛文尼亚和西班牙）以及日本和巴西有一个公共支柱可以提供充足的退休收入，但其代价是该制度的可持续性，它们的第二、第三支柱只能提供非常有限的补充收入，这些国家位于图 1 的左下角。图 1 的右上角是澳大利亚、智利、爱沙尼亚和墨西哥，这些国家的养老金制度可持续性高，但养老金制度提供的收入远远不足。最后，中国、印度和泰国在这两个维度上的得分都很低，它们的制度在财务上不可持续，同时它们也未能向绝大多数公民提供充足的养老金。

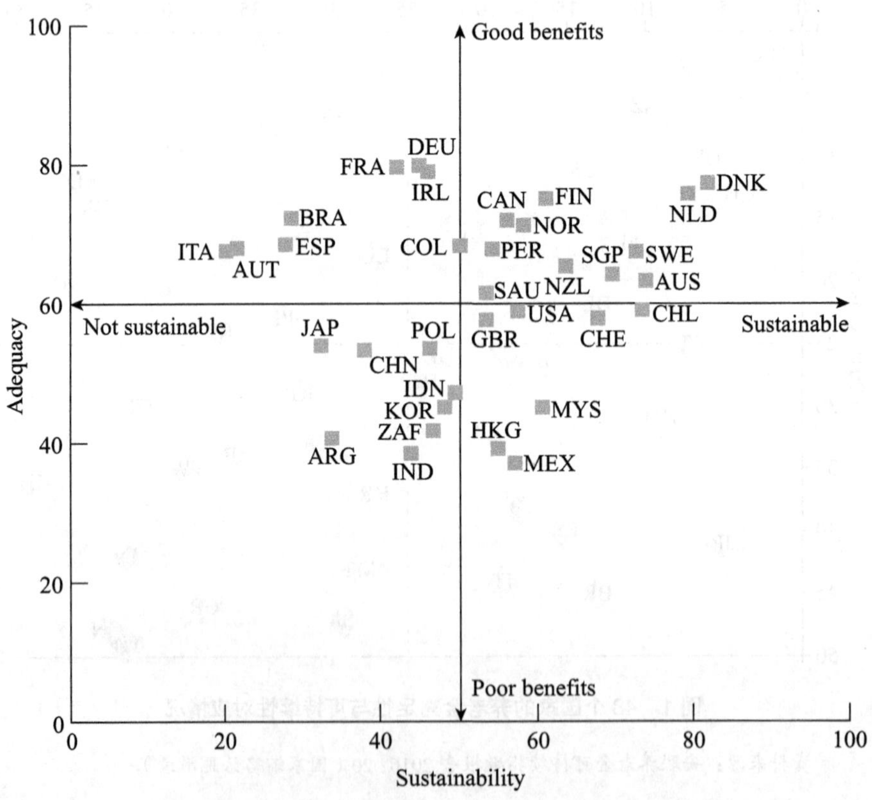

图 2　34 个国家的养老金充足性与可持续性对应情况

资料来源：美世全球养老金指数报告 2018：9（国家缩略语见附录）。

美世咨询公司数据比较分析显示，充分性和可持续性之间存在一种天然的紧张关系。例如，一个提供非常慷慨的福利制度不太可能是可持续的，而一个可持续运行多年的制度往往仅能提供非常有限的福利。这两个目标之间的适当平衡取决于许多因素，包括该国当前和未来的社会、经济和财政状况。正如欧盟委员会（European Commission）的玛丽安·蒂森（Marianne Thyssen）在2016年指出的那样："养老金充足性和财务可持续性是两个相辅相成的目标。"

从对欧洲国家的分析可以发现，这种充足性与可持续性之间的矛盾尤其明显。在西北欧，三个制度（即丹麦、荷兰和瑞典）在充分性和可持续性两方面都得到A-或B级，而在中欧、南欧，三个制度（即奥地利、意大利和西班牙）在充分性方面得到B级，但在可持续性方面只达到E级，当然这也指出了需要在哪些方面进行改革。这些结果证实了多支柱的重要性，以及退休后的收入保障需要有多个来源。

基于阿伦的经典论述以及国际上的实际表现，本书会在实证部分对我国城镇职工基本养老保险制度可持续性与充足性二者之间的关系进行研究。

二、养老金体系可持续性与公共养老金制度可持续性概念辨析

不同的养老金制度共同组成一个养老金体系，那么，养老金体系的可持续性除了每个制度本身的可持续问题以外，还包括制度间的衔接以及相互支撑，比如评价我国养老金体系的可持续性，必须要关注目前三个支柱的结构组成以及各自所占比例等问题，因为这势必会影响整个养老金体系的长期可持续发展。对于某一项公共养老金制度，按照不同的分类标准，

可以将养老金制度划分为不同的模式，每一种养老金制度模式都有着特定的运行机理。严格来说，并非每一种制度模式都存在财务可持续问题，或者说有必要探讨它的财务可持续性问题。

从全球范围来看，公共养老金制度基本采取的是现收现付的筹资模式。对我国DB型现收现付制度来说，由于隐性债务和转型成本的存在，制度就可能出现财务可持续问题。特别是在全球人口老龄化范围不断扩大、速度越来越快这一形势下，现收现付的公共养老金制度都面临着财务可持续的严峻挑战。因为人口老龄化的一个最直接的影响是人口抚养比的快速增长，以及由此带来的养老金制度的财务可持续危机。

本书仅关注我国城镇职工基本养老保险制度的可持续性，不涉及养老金体系可持续，也不涉及城乡居民基本养老保险制度。

三、现收现付制和基金积累制孰优孰劣

理论依据：按照财务筹资机制，养老金制度可以分为现收现付制和基金积累制两种。

现收现付制依据横向平衡理论，认为退休一代人的养老金都应由其所在时期工作着的年轻一代来支付，这样一来，只要代际延续不断，养老金制度就能延续下去，有效实现代际横向平衡。因此，该理论也被称为代际转移理论。其做法是政府相关部门根据当期退休人数及养老金水平，测算出当期养老金所需，然后分摊给所有在职参保人员，计算出应缴费率，向在职人员按月征缴，当期筹集当期支付。如遇收入不抵支出情况，则由财政兜底，保证当期养老金发放到位。

基金积累制则是依据纵向平衡理论。按照此理论的思想，应该使退休后领取的养老金总和与本人工作投保期缴费总和得以平衡。首先需要对未

来退休后的养老金支出总量进行预测，然后依据纵向收支平衡原则，确定其在职期间的缴费率，由参保人按月向其个人账户缴费，由相关机构投资运营个人账户基金，确保基金增值收益。该模式实质是强制型储蓄，强调长期纵向平衡。

表 5　两种主要财务筹资模式的优缺点比较

	优点	缺点
现收现付制	1. 初建成本低，并可以迅速建立起养老金领取权； 2. 无须管理巨额基金，管理简便、成本低廉； 3. 具有再分配功能和社会公平的性质； 4. 不受通货膨胀干扰，避免了资本市场的各种高风险； 5. 通过调整制度参数可以缓解人口老龄化下的财务压力	1. 会产生“公地悲剧”问题，出现“搭便车”现象，缴费与待遇不是一一对应，激励性不足； 2. 引起提前退休； 3. 与待遇确定相组合时，人口老龄化使政府陷入巨大的财政压力； 4. 不得不引入提高费率、降低待遇、延长退休等变革，阻力重重，伴随着政治风险
基金积累制	1. 老年人收入不再取决于人口结构，它优于现收现付的代际转移制度； 2. 提高人们缴费积极性，从而可能提高制度覆盖率，减少提前退休； 3. 由于是缴费确定型，政府风险被转移； 4. 它是强制储蓄制度，可以提高国民储蓄率，促进经济增长	1. 理论上它并不能回避人口老龄化问题； 2. 政府风险转移给个人，并未减少或消除风险，社会福利零和游戏； 3. 不具有再分配性质，对低收入者、女性更为不利，拉大老年收入差距； 4. 面临通货膨胀风险、一国的政治经济政策不稳定风险、资本市场中的各种高风险（经济周期投资风险、个人投资选择失误风险），总之它面临巨大的保值增值压力； 5. 运作管理成本高，运作失败时，政府要承担责任，面临政治风险

资料来源：笔者提炼整理而成。

优缺点比较：现收现付制作为养老金模式之一在养老社会化产生之后开始出现，它最早出现于德国俾斯麦时期建立的养老金制度，具有易启动、快受益、基金积累风险小、可以实现再分配的特点，世界上许多国家采取了这种养老金模式，如德国、法国等国家。戴蒙德的“世代交叠模型”和亨利·艾伦的“艾伦条件”从理论上支持了这一观点[①]。艾伦认为，在“生物回报率”（人口增长率+实际工资增长率）大于市场利率的前提之下，现收现付制度能够在代际之间进行帕累托最优配置。他认为，当人口结构年轻且经济增长快速时，现收现付制度是一个只有人获利而没有人受损的制度。但是，随着人口老龄化趋势不断加强，现收现付制的养老金制度面临着一系列的挑战。20世纪70年代，福利国家普遍面临日益加剧的财政危机，掀起了养老金私有化改革热潮，有的国家甚至采取了完全积累制，如智利[②]。它的优点是可以实现自我平衡，无代际负担，缺点是面临替代率风险、投资风险和长寿风险。

现实组合模式：

现实中的养老金制度模式，有多种组合形式。比如，德国是典型的待遇确定型现收现付制，新加坡和智利都是缴费确定型基金积累制，瑞典则采取的缴费确定型现收现付制，一些国家的企业年金则是有待遇确定型也有缴费确定型，美国近年来通过立法鼓励缴费确定型计划的年金制度发展，其中发展最快的是401K计划。我国城镇职工基本养老保险制度是“社会统筹+个人账户”的统账结合形式，即现收现付和基金积累相结合的筹资模式，缴费确定型和待遇确定型相结合的给付方式。关于养老金制度财务筹资方式和给付方式的组合形式，主要有以下几种，详见表6。

---

① 李珍．社会保障理论［M］．3版．北京：中国劳动社会保障出版社，195-196.

② 张栋．转型背景下中国补充养老金制度研究［D］．博士学位论文，2018.

表 6　养老保险制度财务筹资方式与给付方式的现实组合

<table>
<tr><th colspan="2" rowspan="2">现实组合情况</th><th colspan="2">财务筹资方式</th></tr>
<tr><th>现收现付制</th><th>基金积累制</th></tr>
<tr><td rowspan="2">给付方式</td><td>缴费确定型</td><td>名义缴费确定型现收现付制（NDC）（notional defined contribution pay-as-you-go 或 unfunded defined contribution），例如，瑞典等欧亚六国在 20 世纪 90 年代实施的新制度</td><td>缴费确定型积累制（FDC）（funded defined contribution 或 financial defined contribution），例如，智利等一些拉美国家的公共养老金制度</td></tr>
<tr><td>待遇确定型</td><td>待遇确定型现收现付制（defined benefit pay-as-you-go），例如，我国公共养老金制度中的社会统筹部分，以及世界上大多数发达国家采取的公共养老金制度</td><td>待遇确定型积累制（FDB）（funded defined benefit），例如，发达国家的许多企业年金（属于私人养老金制度）</td></tr>
</table>

资料来源：笔者总结整理而成。

学界对这两种财务筹资模式选择的争论：

20 世纪 90 年代，公共养老金的系统性改革被世界银行等国际金融机构广泛地推广到发展中国家（20 世纪 80 年代最先在智利实施）。公共养老金的“系统性改革”（systemic reform of public pensions）可以概括为，由现收现付制转变为基金积累制，由给付确定型转变为缴费确定型。一石激起千层浪，一些国家纷纷掀起改革热潮，中间有支持也有批评，经过 20 多年的改革实践，我们发现，世界上没有一个发达国家参与实施了这轮公共养老金系统性改革。一些实施了系统性改革的发展中国家已经选择撤回，剩余的发展中国家也都面临困境，这项改革的主要推动人之一罗伯特·霍尔茨曼也于 2013 年公开承认这项改革的理论依据有误[①]。

这两种财务筹资模式孰优孰劣，哪种制度能够更好地应对人口老龄化

① 王新梅．公共养老金“系统改革”的国际实践与反思［J］．社会保障评论，2018（4）：119-132.

挑战，国内外学者基本已有共识，普遍认为，单一的现收现付制或完全积累制都难以单独应对人口老龄化的挑战，制度可持续性不强，更无法满足老年人的幸福生活需要。当然，过去很长一段时间的激烈争论，对我们理解一段时间波澜壮阔的改革历程，清醒理性地看待制度现状，预判未来制度走向或改革路径，都大有裨益。

一是现收现付制与人口老龄化。

在人口老龄化的形势下，一部分观点认为现收现付制不足以应对人口老龄化，而基金积累制将不存在这些问题。这也成为20世纪90年代以来，世界银行向发展中国家推荐基金积累制以及我国城镇职工基本养老保险制度采取个人账户基金积累制改革的理论根据。

亨利·艾伦提出，如果人均工资增长率加上人口增长率超过利率，且利率等于时间偏好的边际率加上现在转化成未来商品的边际率，那么社会保险养老金制度引入现收现付制将提高每个人的福利水平。因此，如果储蓄、投资以及收入增长率随着养老保险水平的提高而下降，那么这一结论不一定成立。如果利率超过实际工资增长率和人口增长率之和，那么社会保险无论是采取现收现付制还是基金积累制，都会造成福利下降的结果，除非满足以下三个条件中的一个：（a）市场失灵使预先存在的情况变得不理想；（b）社会福利功能要求做到实现收入再分配；（c）社会保险有规模经济问题。在此不讨论这些因素[①]。

米利安·斯图尔认为，养老保险筹资模式是采取现收现付还是基金积累，一般会用艾伦条件对二者的福利进行比较。但是，艾伦条件并未精确阐述现收现付养老金体系的确切形式。现收现付可以是DB也可以是DC，有的涉及代内再分配，有的则没有涉及。标准的艾伦条件假设工资

---

① Aaron H J. The Social Insurance Paradox［J］. The Conadian Journal of Economics and Political Science，1966，32（4）：371–374.

率和劳动率不因个人而变化，人口增长率是常数并且是外生的。他列举了四种现收现付养老金模式，他们都有自己的艾伦条件，通过对美国1933—2001年的数据分析发现，对现收现付和基金积累进行比较主要取决于是哪一种现收现付形式，而且随着生育率下降，现收现付会变得越来越没有吸引力[①]。

程永宏通过构建理论模型分析检验表明，人口老龄化背景下，现收现付制并不一定必然发生支付危机，关键要看经济增长速度和人口老龄化速度二者之间的差距[②]。罗伯特·霍尔茨曼指出，基金积累制并不能解决人口老龄化问题[③]。巴尔认为，两种财务筹资模式在应对人口老龄化问题方面，本质上是一致的[④]。王新梅认为，私人性质的养老金可以交给市场做，但公共养老金只能交给政府做，这样才能确保国民的老年生存安全。就拿非常崇尚市场经济的美国来说，它的公共养老金制度筹资模式一直严格地限定在现收现付制范围内[⑤]。

20世纪80年代以来全球逐渐进入老龄化社会，单一的现收现付制或完全积累制面临巨大挑战。1994年，世界银行出版研究报告《防止老龄危机——保护老年人及促进增长的政策》，首次提出了三支柱理论：第一支柱是政府管理的强制性DB型现收现付制公共养老金计划，第二支柱是由市场管理的强制性DC型职业养老金计划，第三支柱由自愿性职业养老金和个人储蓄计划构成。2005年，世界银行将三支柱扩展为五支柱，即增加

---

① Miriam Steurer.Extending the Aaron Condition for Alternative Pay-as-You-Go Pension Systems［J］. SSRN Electronic Journal，2009（6）.

② 程永宏．现收现付制与人口老龄化关系定量分析［J］．经济研究，2005（3）：57-68.

③ Robert Holzmann.Global Pension Systems and Their Reform: Worldwide Drivers，Trends and Challenges［J］.International Social Security Review，2013，66（2）.

④ 巴尔．福利国家经济学［M］．北京：中国劳动社会保障出版社，2003：223-228.

⑤ 王新梅．公共养老金“系统改革”的国际实践与反思［J］．社会保障评论，2018（4）：119-132.

了非缴费型的“零支柱”和家庭互助等非正规形式的“第四支柱”。在思想辩论和理论发展的过程中，OECD、欧盟、ILO等国际组织对世界银行的三支柱理论也进行了调整修正，逐渐演变成主要依据养老金的“发起人性质”来划分，即国家建立的强制性养老保险制度、雇主建立的自愿性养老保险计划、个人建立的自愿性养老储蓄制度。很显然，修正后的三支柱理论更符合实际，也更具包容性，因此被广泛接受，成为养老金领域的主流理论；从各国养老金改革实践来看，三支柱模式也成为大多数国家共同的选择，尽管各国对每个支柱的定义并不完全一致。归根结底，多支柱的核心思想是通过政府、单位、个人共同分担养老责任，实现养老金体系的可持续发展，最终达到预防老年贫困和平滑一生收入的目的。

二是现收现付制对储蓄率、资本积累和经济增长的影响。

费尔德斯坦提出，美国的现收现付制对储蓄产生了两种相反效应，一种是资产替代效应，另一种是引致退休效应①。莱莫和列斯诺伊指出费尔德斯坦论文的问题和错误所在，除了计算机程序计算错误以外，认为他不考虑代际转移是不符合实际的。这一点引起了较长一段时期的争论②。巴尔进一步指出：即使与现收现付制相比，基金积累制能带来更多储蓄，但增加的储蓄也不一定会增加投资，即使投资增加也不一定能带来产出增长③。从我国的现实来看，影响居民储蓄行为的还有民族心理、文化、历史等因素，并不一定是费尔德斯坦提出的两个储蓄效应，此外，改革时期的诸多不确定性也会影响居民储蓄行为。另外，中国目前已经有相当高的储蓄水平，即使利率下调居民甚至都不敏感，中国的储蓄很难完全转化为投资。

---

① Feldstein，Martin.Social Security，Induced Retirement，and Aggregate Capital Accumulation [J].The Journal of Political Economy，1974，82（5）：905-926.

② Leimer，Dean，Lesnoy，Selig. Social Security and Private Saving: NewTime-Series Evidence [J].The Journal of Political Economy，1982，90（3）：606-629.

③ 巴尔．福利国家经济学（中译本）[M]．北京：中国劳动社会保障出版社，2003：233.

在这种情况下，现收现付制很难导致储蓄下降、投资减少、总产出增长率降低[①]。

三是投资收入和风险方面。

蔡向东认为，现收现付模式下，老年人退休金的多少，取决于年轻人缴费多少。养老缴费多，会加重年轻人的负担；养老缴费少，老年人养老金不足，生活得不到保障。这一关系处理不好，会引起社会问题，严重的话，还可能引发政治风险。而在完全积累制下，个人养老金的多少要依据个人养老资产总量、养老资产的购买力、退休者的余寿等因素来决定。人均寿命在延长，前两者又要面临通货膨胀、物价上涨、资产贬值等经济风险。总的来看，她认为，完全积累制面临的风险会更多[②]。

积累制养老金制度大致可以分为两种，一种是作为公共养老金替代的制度，另一种是作为公共养老金补充的制度。作为公共养老金替代的积累制养老金，是用来保障老年人基本生活和最低生存需求，由政府强制要求参保，政府必须对其结果负责，不能出现投资失败的情况。而资本市场的运行规则并非政府或其他市场参与者能够左右。因此，一旦收益达不到预期，或者威胁到老年人的基本生存，容易引起动荡抗议，甚至出现要求重建养老金制度的呼声。所以，对作为公共养老金替代的积累制养老金制度和作为公共养老金补充的积累制养老金制度的定位、要求以及风险承受能力都是不同的。

王新梅认为，我国国内资本市场发育尚不成熟，实账下的公共养老保障基金需要去国际资本市场进行投资。再加上缺乏能在国际资本市场上熟练运作的专业人才，只好将其委托给国外基金公司，这对我们来说，除

---

① 程永宏．现收现付制与人口老龄化关系定量分析［J］．经济研究，2005（3）：57–68.

② 蔡向东．统账结合的城镇职工基本养老保险制度可持续性系统研究［M］．北京：中国劳动社会保障出版社，2015：27.

了价格风险，还会有汇率风险、道德风险和高操作成本风险（包括机会成本）等[①]。

四、社会保障制度的公平、平等与效率

关于公平。公平是一个主观的概念，罗尔斯在《正义论》中强调正义即公平，正义是原初状态下人们在契约的基础上自愿的选择，他反对功利主义，提出两大正义原则[②]；功利主义认为，公平是使社会成员的总效用最大化；以上三种都带有明显的社会公平属性。最后一种是市场主导，主张市场结果是最公平的。

公平是一个宏大的概念，在不同领域有不同的含义。在法律领域，公平的内涵是公正无私、不偏不倚；在政治领域，公平是指人人权利平等，比如每个人都有选举权和被选举权；在税收和转移支付领域，有横向公平和纵向公平，分别是指对同等经济能力的人给予同等征税待遇或转移支付待遇，对不同经济能力的人给予不同的征税待遇或转移支付待遇；在保险领域则讲究精算公平，即保险费率准确反映预期的损失。而分配领域的公平含义也不同，初次分配是由市场机制决定的劳动、资本等要素的收入分配，再分配是政府通过税收等机制对初次分配结果进行调整的分配。初次分配领域的公平实为经济公平，是个人贡献与所得的关系，而再分配领域的公平则是社会公平，是不同个体收入的对比关系。

关于经济公平与社会公平。经济公平指在机会公平（起点公平）和规则公平（过程公平）前提下，实现结果公平。也可以说，经济公平就是

---

① 王新梅．全球性公共养老保障制度改革与中国的选择——与 GDP 相连的空账、比与资本市场相连的实账更可靠更可取［J］．世界经济文汇，2005（6）：52-71.

② （美）罗尔斯．正义论（修订版）［M］．何怀宏，何包钢，廖申白，译．北京：中国社会科学出版社，2009：6-13.

效率。社会公平指人与人之间社会关系的平等。社会成员收入高水平的平等状态是社会公平的目标，实现这一目标的手段是提供机会公平（起点公平）和规则公平，如教育、健康、劳资谈判机制等。在社会保障领域，如果忽视权利义务对等，一味强调人人平等享有待遇，会造成制度不可持续的局面。我们需要充分吸收各国的经验和教训，追求公平的过程中尽可能促进效率且避免效率的损失①。

经济公平与社会公平并不是割裂的，机会公平、规则公平是成员间收入公平且平等的手段，也恰恰是经济公平的重要保证，在这两个环节上，社会公平即经济公平，社会公平即效率，两者是一致的、统一的。现实生活中，机会不公平和规则不公平是普遍存在的，所以收入可能是有差别的，这种差别包含着不公平的因素。政府的责任不仅在于调整收入差别，更应致力于保证机会的公平和规则的公平。

关于收入公平与收入平等。收入公平强调个体贡献与收入的对比关系，收入平等是指不同个人之间的对比关系。简单来说，收入一样可能是不公平的，收入不一样可能是公平的。当然，既公平又平等是人们追求的理想状态，现实多数情况下达不到，所以人们才会孜孜以求。厘清这两个概念，对制定、理解分配政策意义重大。

关于效率。与公平相对应的效率是资源的配置效率。衡量效率的标准是“帕累托最优”——当处在要想使某人的处境变好必须以另外的人处境变坏为代价的状态时。相反，当配置低效率时，通过优化资源配置方法，至少提高一部分人福利水平的同时，不会使任何人的情况发生恶化，通常称这种状况为“帕累托改进”②。

1956 年，经济学家李普西和兰卡斯特提出了次优理论，它是对完全

---

① 李珍．社会保障理论（第四版）[M]．北京：中国劳动社会保障出版社，2017：80-81.

② 李珍．社会保障理论（第四版）[M]．北京：中国劳动社会保障出版社，2017：63-64.

竞争理论的颠覆。按照次优原理，现实世界离最优到底多远？谁也不知道。按照次优原理，虽说完全竞争可以走向帕累托最优，帕累托最优可以通过完全竞争实现；但是离完全竞争越近，并不意味着离帕累托最优更近。它认为，政府完全可以对经济进行干预，次优原理可以为社会保障政策提供理论支持。

关于公平与效率的关系。人们常常将公平与效率对立起来，实际上平等与效率才是取舍关系。潘锦棠等认为，平等与公平是完全不同的两个概念，平等是客观描述，公平是主观评价；第二次分配和第一次分配都需要讲公平。社会保障比较注重收入平等，同时也注重分配公平。他提出公平相对性的概念，机会平等或结果平等都不一定公平，公平与否要具体情况具体分析[①]。

收入分配的巨大差别和收入分配不公平是一个普遍的现象，政府通过社会保障制度干预社会经济生活有利于公平和效率，但是当政府干预过度或不当引致效率损失时，甚至是既无效率又无公平时，像市场会失灵一样，政府这时就失灵了。美国经济学家阿瑟·奥肯认为，通过高所得税和转移支付来缩小贫富差异，可能会有漏出，实际作用没有想象得那么大。我们把税收和转移支付过程中引起的效率损失定义为“奥肯漏桶”。究其效率损失的原因，一是高税收可能影响劳动的积极性，损害了效率；二是转移支付可能客观鼓励了“懒惰”，也损失了效率。这些都是高福利制度受指责的原因。

我们知道，当制度安排和管理不当时，不但会损失效率有时甚至同时也会损失公平。比如管理成本和给付环节的道德风险问题，也会引起经济损失和效率损失。给付环节的道德风险会使穷人没有分到应分的“粥”，而是分给了其他人，在这种情况下既无效率也无公平。还要注意到，在社

① 潘锦棠，张燕．社会保障中的平等公平效率［J］．国家行政学院学报，2015（6）：61-66.

会保障支出大幅增加，并不一定带来收入平等状况的改善，有的国家甚至出现了不平等状况进一步恶化的局面，比如意大利和葡萄牙，这样会出现公平和效率的双重损失。

现行统账结合的城镇职工基本养老保险制度建立的初衷，是将筹集起来的基金，一部分用于社会统筹，进行即期支付，以彰显社会保险的互济性和公平性原则；另一部分放进个人账户，进行“实账”积累，以期通过对个人账户积累基金的投资运营，实现个人账户基金增值收益，在一定程度上应对人口老龄化的同时，增强个人缴费激励，体现效率原则。王延中等[①]对我国社会保险制度的再分配效应进行了实证研究，对城镇职工基本养老保险制度的公平性评价结果为：3.1% 的人认为很公平，26.9% 的人认为较公平，36.2% 的人认为公平性一般，27.4% 的人认为不公平，6.4% 的人认为很不公平。

① 王延中，龙玉其，江翠萍，等 . 中国社会保障收入再分配效应研究——以社会保险为例［J］. 经济研究，2016（2）：4-15，41.

第三章　养老金制度可持续性的文献研究述评

本章重点对养老金有关概念、养老金可持续性的内涵进行梳理，并从三个方面对养老金制度可持续性已有研究进行述评，分别是：可持续性是养老金制度的重要评价维度和标准、可持续性实际评价方法、养老金制度可持续的影响因素和实现路径等。

第一节　养老金有关概念界定

养老金体系是支付给老年人收入的一系列制度安排，其中，公共养老金是养老金体系的核心，它通常由一个或者多个老年保险计划组成，要求一部分人或所有人强制参与，由公共机构负责管理。它不仅仅是为退休的老年人提供保险，还要为他们的遗属和残疾人提供保障。除此之外，还有一些强制性的养老保险，他们通常并不是由国家机构来管理，而是由私人投资公司或者保险公司来管理，来自职业养老计划或者私人养老计划。职业养老计划通常与就业相关，由雇员、雇主或双方共同缴费，这些共同被称为强制性养老金。当我们要对养老金体系的缴费和待遇进行比较研究时，只关注公共养老金是不够的，还应关注整个强制性养老体系。还有一些鼓励个人自愿参与的养老计划，通常会得到税收优惠或者直接的资金支持，当然投资产品需要是合法的。这些符合法律定义和要求的养老金计划都应该划入养老金体系的范畴。也有一些个人意义上的养老金提供，比如个人储蓄、投资，甚至包括自住房等。这些都是个人为退休养老而做的准备和积累。此外，比如基于经济状况调查的补助金，私人转移支付等，这确实也是个人净收入的一部分。

基于此，本书对公共养老金体系、强制性养老金保险体系、养老金体系、养老金供给和老年收入逐一进行了界定，明确了公共养老金在整个老年收入体系中的核心位置，并划出公共养老金与老年收入其他组成部分的边界。

表 7 公共养老金体系的有关概念与边界

概念	构成
公共养老金体系	为一部分人或者所有人提供的强制性公共老年保险
强制性养老金保险体系	公共养老金体系 + 职业养老计划 / 个人养老金计划中的强制部分
养老金体系	强制性养老金体系 + 职业养老计划 / 个人养老金计划中的自愿部分，享受特定的法定的国家税收优惠或者直接资助
养老金供给	养老金体系 + 其他形式的储蓄和保险 + 自有住房
老年收入（养老收入）	来自养老金供给的收入（包括因为自有住房而节约的租金）+ 来自辅助体系的收入支持 + 其他社会福利 + 私人转移支付

资料来源：笔者根据文献归纳整理。

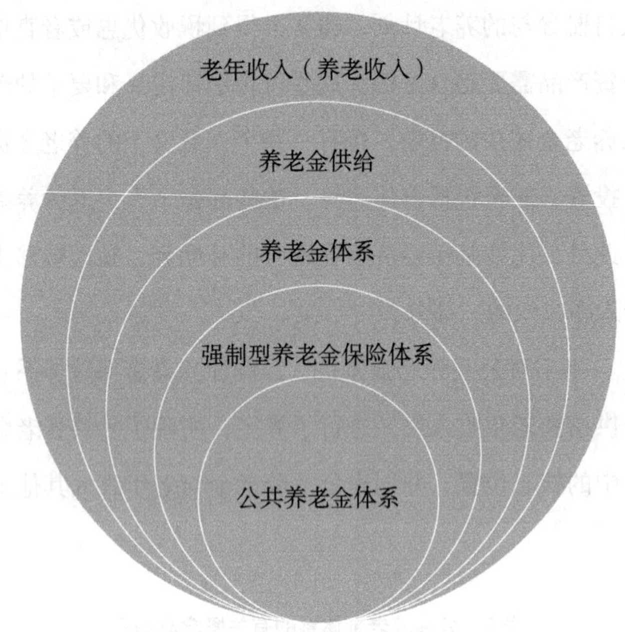

图 3　养老金体系有关概念范围界定

资料来源：笔者根据文献归纳整理。

第二节　养老金制度可持续性的内涵

1994 年，世界银行报告首次提出公共养老金体系的财务可持续性，报告测量了人口老龄化情况下养老金体系的平衡。霍尔茨曼和欣茨（2005）指出，养老金体系的可持续性是指养老金计划现在和未来的财务稳定性，这和一国总体经济产出有关。在总经济产出的约束下，可持续的养老金体系在没有任何不当举措的情况下，应该能够提供事先承诺的权益待遇。巴尔（2000）认为，进行养老金体系设计时，最应该关注长期可持续要求和短期政治压力、经济波动带来影响之间的冲突。重点是在政治可持续和经济可持续之间寻求平衡。政治可持续性取决于养老金水平、领取养老金年龄以及人们的风险分散选择。经济可持续性取决于为满足未来养老金待遇所提供的政策资金支持和待遇调整的政治可行性。格雷奇（2010）总结了已有的相关研究，认为一个可持续的养老金体系应该在提供充足养老金待遇的前提下具有长期的财务偿付能力，同时不要将支付负担转嫁给下一代。养老金体系可持续改革需要考虑养老金待遇的充足性和财政可负担性，目的是在制度约束条件下，能够最大限度实现消除贫困和收入平滑。的确如此，我们不能否认财务可持续在养老金制度改革中的重要性，但只聚焦财务可持续显然是不够的，因为这会忽略养老金体系的初衷和目标，即消除贫困和平滑收入。财务可持续和充足性并非两个相互冲突的目标，而是硬币的两面。如果不能确保养老金制度的充足性，也无法实现真正的财务可持续。一般来讲，如果养老金体系达不到既定目标，将会产生巨大的政治压力，要求政府在其他方面花费更多，给予保障和支持。政治压力通常在这两种情况下产生：一是养老金制度没有达到其目标，未能满足人们的期望；二是代际不平衡，人们关心自己的缴费水平以及与上一代相比自己的待遇水平如何。因此，除了实现消除贫困和平滑收入这两个目标，养老金制度还需要考虑代际转移平衡。只有政策制定者理解这一点，才有可能实现养老金制度的社会可持续。

养老金制度的可持续性有狭义和广义之分。狭义上来讲，如果养老金制度在未来依然能够负担得起，我们就可以说它实现了可持续，当然要把养老金总支出都算进去。然而，导致养老金制度崩塌的不只是财务问题，还包括人们对它的接受程度和信任程度，这就是广义上的可持续，也可以叫作社会或政治上的系统可持续。如果工作的一代并不认可现有的养老金制度，对它将来能够为自己提供充足保障没有信心，那么，他们会选择不去参与这个制度，比如他可以选择不需要强制参与养老保险的工作（罗尔斯，1973）。广义上的可持续除财务因素外，还包括系统稳定性的非财务视角。当然，养老金制度的财务问题也会干扰人们对它的接受程度和信任程度。世界银行报告认为，可持续性是养老金制度评估的重要标准之一，可持续的养老金制度是指在一套合理假设前提下，财务上健全，并且能维持在可预见范围内的一个制度（报告名称为“The World Bank Pension Conceptual Framework”）。财务可持续性的原始含义是指按规定缴费率征缴的费用足以支付当期或未来的待遇，而不必另外提高缴费率、削减待遇或由财政预算为赤字埋单。

一些学者从代际公平的视角来分析公共养老金制度的可持续性。GRS[①] 咨询报告认为，养老金制度可持续是一个复杂的概念，对于DB计划来说，只有养老金制度是可持续的，未来支付养老金待遇的承诺才是安全的。他们把可持续的养老金计划定义为：“它能够无限期提供退休待遇，这是可以合理预期的”（乔·牛顿，马克·兰德尔，2018）。格雷奇（2010）认为，可持续的养老保险系统应当照顾到世代之间的负担公平，在不向下一代转嫁缴费负担的前提下，一方面要保证老年人得到充足的养老金待遇，另一方面养老保险系统又不会出现长期的偿付能力风险[②]。王晓军（2021）认为，如果没有充足的资金支付到期养老金，或者为了满足对养老金的支付，需要付出超出人们支付能力的高成本，或者需要将更沉重的支付责任转嫁给下一代或下几代，或者因不可避免的老龄化和人口长寿趋势而导致偿付能力问题等，那么这样的养老金体系是不可持续的。唐青（2017）认为，养老保险可持续发展不能被简单地界定为基金收支长期平衡，应当从养老保险的本质去理解它与可持续发展理念之间的内在联系。

---

① GRS是美国一家全国性的精算和福利咨询公司，主要帮助客户实现和维持计划的财务可持续性，保证数百万美国人的财政安全。

② Aaron George Grech. Assessing The Sustainability of Pension Reforms in Europe. A thesis submitted to the Department of Social Policy of the London School of Economics for the degree of Doctor of Philosophy, London, March 2010.

他认为养老保险的本质是代际交换关系，养老保险可持续发展的核心命题是谋求代际公平，基金收支平衡仅仅是养老保险可持续发展的物质基础，因此财务可持续只是养老保险制度可持续发展的表现形式。

第三节 养老金制度可持续性评价

一、可持续性是养老金制度的重要评价标准之一

养老金制度的评价标准通常与制度的目标设定联系在一起，可持续性是养老金制度的重要评价标准和主要目标之一。

霍尔茨曼（2005）指出，强制性的公共养老金计划应提供一个充足、可负担、可持续且稳健的待遇水平，养老金制度应当首先按照以下主要标准进行评价，包括：改善福利水平的同时，实现充足性、可负担性、可持续性、稳健性，在此基础上，基于养老金体系对退休收入和经济稳定发展的作用，再按照次要标准进行评价，次要标准包括：减少劳动力扭曲、对储蓄的贡献、对金融市场发展的贡献等[①]。马蒂尔（2006）认为，养老金制度应该有五个主要目标，这也是评价养老金制度或者一个国家养老金制度改革举措的重要标准。五个主要目标分别是：预防贫困、确保体面的生活水平、男女平等、代际公平和财务可持续性。

欧盟委员会将待遇充足性、财务可持续性和对变化的适应性作为

① Holzmann, Robert and Richard Hinz. Old-Age Income Support in the 21st Century: An International Perspective on Pension Systems and Reform [R]. Washington, D.C: World Bank, 2005: 55-58.

判断养老金系统长期可持续的三大原则①。建立欧洲共同体条约（Treaty establishing European Community）中对养老金制度目标的描述可以归纳为三个大目标，即充足性、财务可持续和体系现代化（不断回应新需求），三大目标又细分为11个子目标，子目标还包括19个更加具体的目标。比如充足性包括3个子目标，分别是避免社会排斥、让人们维持一定的生活水平以及促进社会团结，避免社会排斥这个子目标又细化出3个小目标，分别是：预防老年贫困、让老年人共享国家经济发展成果、给老年人机会去积极参与公共社会文化生活。这些指标在一定程度上涵盖了狭义和广义上的可持续问题。

GRS咨询报告认为，一个理想的养老金计划应该满足六个要求：（1）计划参与者都能在合理的年龄退休并领取到适当的养老金；（2）计划发起者的人力资本目标正在被实现；（3）每代人都能得到预期的退休待遇；（4）每代人都能得到实际价值相当的养老金，而不论他们所处的经济环境和利率状况如何；（5）每一代纳税人为养老金项目做出的贡献接近，无论是计算实际价值还是未来预算（这常被称为"代际公平"）；（6）效率优化，既能使领取养老金所需缴费最小化，又能平衡代际风险。报告认为，评估养老金制度的可持续性，研究者应该尝试去确认这个养老金制度正在迈向理想状态还是背离理想状态。

二、养老金制度可持续性实际评估方法

财务可持续一般用持续经营假设下的偿付能力来衡量，国际上一些发达国家的政府会定期组织精算机构对公共养老基金的长期盈亏状况做出预

① European Commission: Objectives and working methods in the area of pensions: Applying the open method of coordination. Joint Report of the Social Protection Committee and the Economic Policy Committee. Luxembourg: Official Publications of the European Communities, 2001.

测，美国采用长期精算平衡指标来评估养老基金的收支状况，主要指标有年度基金率、综合收入率、综合支出率等；瑞典采用资产负债模型对养老金制度财务状况进行评估。对养老保险财务可持续性评估，可以通过建立基金长期收支预测模型，并引用人口数据和养老保险制度内外参数进行动态仿真实验[①]。王晓军（2021）认为，养老金体系可持续的指标应包括覆盖面、待遇充足性、成本可负担性、代际和代内分配公平性、应对老龄化和长寿趋势的长期支付能力等几个方面。唐青（2017）提出，养老保险可持续发展的评价体系应该包括制度层面和基金层面，制度层面包括制度的公平性、待遇的充足性、缴费的可承担性、权利义务对等性，基金层面包括基金支付能力的长期性和财政负担的可控性。

国内学者对我国养老金制度的可持续问题已有不少研究。关于养老金制度可持续的测量，有三个常用指标：隐性养老金债务、转制成本和养老金缺口。隐性养老金债务是指在评估节点，退休者和在职者共同积累的养老金权益现值；转制成本是指在制度转变前，所有被保险人积累的养老金权益现值；隐性养老金债务和转制成本都是存量概念。隐性养老金债务普遍存在于所有大型经济体中。中国城镇职工养老金用不同假设和方法进行过预测，基本结论是未来隐性养老金债务会越来越严重。而且，中国是少数尚不能清楚界定转制成本规模和处理方式的国家之一。转制成本如果继续不进行偿还的话，预计达上万亿元。年度养老金缺口是在不断变化着的，通常用现金流模型来计算养老金缺口，根据对输入变量的不同赋值方法，现金流模型通常被分为三种：确定模型、随机模型和微型模拟模型。在养老金制度年度收支计算上，基于不同精算模型设定和不同人口、经济和政策参数的假设，提出了多种多样的结果，但基本结论是相似的：如

---

① 唐青．全覆盖背景下养老保险可持续发展研究——以财务可持续为主线［M］．成都：西南财经大学出版社，2017.

果不进行政策调整和系统改革，我国城镇职工养老金不可避免地会存在缺口，长期来看缺口一直很大[①]。

截至目前，尚没有对各国公共养老金可持续性的官方评价或赋分排名。只有德国安联保险公司和墨尔本美世咨询公司对世界主要经济体养老金制度的可持续性进行了评估。

德国安联分别于2009年、2014年、2016年发布了年度“养老金可持续指数”，于2020年发布了养老金报告（不局限于可持续）。2020年对全球70个经济体进行综合排名，报告包括人口结构与公共财政状况、可持续指数以及养老金体系充足性三个子项目。从可持续子项目来看，成绩最好的是印度尼西亚和保加利亚，这得益于他们近年来采取的延迟退休年龄、在现收现付制的基础上加入基金积累制等改革措施。居于末位的是沙特阿拉伯、斯里兰卡和马来西亚，主要原因是这些国家的退休年龄仍然维持在60岁。我国从2016年倒数第二的名次，跃升至2021年的第五名，这说明我国不断改革完善第一支柱基本养老保险制度、积极发展补充养老金制度等措施已经产生积极效果。

墨尔本美世自2009年以来，连续13年推出“全球养老金指数”年度报告。2021年，美世对全球43个经济体的养老金制度进行了评分评级和综合排名，评分采取百分制，共分为七个级别（A/B+/B/C+/C/D/E），指数权重分别为：养老金充足性40%、可持续性35%、整体性25%，其中，可持续性又主要包括以下指标：覆盖率（20%）、总资产（如占GDP比重，权重为15%）、缴费（10%）、人口相关（如预期寿命、老年人抚养比、总和生育率等，权重为20%）、政府债务（10%）、经济增长（10%）以及劳动参与率（15%）。就养老金制度的可持续性而言，冰岛、丹麦、荷兰居前

① Qing Zhao，Haijie Mi. Evaluation on the Sustainability of Urban Public Pension System in China［J］.Sustainability，2019（11）：14–18.

三甲，中国排名第 31，位列第六级（D）。GRS[①] 咨询公司通过一种质性研究工具来研究 DB 计划的财务可持续性，这种质性评价工具叫作“可持续列表（A sustainability Checklist）”。这个列表包含了许多测量，能够帮助我们更有针对性地讨论 DB 计划，并且提供养老金计划现在和未来潜在的风险来源，便于干预防控可能发生的风险。列表包括 21 个指标，每项都进行相应的星级评定，最后汇总进行可持续性评估。

三、养老金制度可持续的影响因素和改革路径

既然可持续是养老金制度建立的主要目标和重要的衡量评价标准，国内外学者和有关机构关注挑战甚至危及养老金制度可持续的风险因素，同时提出了实现养老金制度可持续的改革路径。

马蒂尔（2006）认为挑战养老金可持续性的风险因素包括宏观经济风险因素和社会风险因素。宏观经济风险因素包括 GDP、工资水平、就业率、消费者价格、投资回报率、汇率等，社会风险因素主要包括出生率、预期寿命、政治条件、重大灾难等。为了抵消这些外在风险因素的影响，需要在系统参数上下功夫，系统参数主要包括：养老金体系的财务机制（现收现付制和基金积累制）、待遇确定方式（待遇确定性和缴费确定型）、强制保险的范围、资金来源（缴费还是税收，或者二者兼有）、提供方式（公共还是私有）等。他认为，只有通过组合不同的养老金计划，形成多样化的养老金体系，才能应对可能发生的可持续性风险。赫国胜（2016）通过对葡萄牙、爱尔兰、意大利、希腊、西班牙五国欧债危机后的养老金制度改革情况和养老金问题进行研究，发现少子老龄化危机导致老年支助

① GRS 是美国一家全国性的精算和福利咨询公司，主要帮助客户实现和维持计划的财务可持续性，保证数百万美国人的财政安全。

比不断下降，严重影响养老金长期收支平衡及财政可持续性；养老金替代率、缴费率、退休年龄等制度参数对养老金均衡具有重要影响，过度慷慨的养老金政策是养老金收支失衡、财务不可持续的重要原因；公共养老金支柱单一影响养老金均衡且不利于规避养老金支付风险，也是养老金长期收支平衡恶化的重要原因。

通过对养老金体系目标、可持续性评价指标和影响因素等文献进行梳理，基本可以归纳为四个大项：人口相关（预期寿命、老年人口抚养比、总和生育率等）、养老金体系（覆盖率、缴费基数、费率、缴费年限、法定 / 实际退休年龄、第一支柱的养老金福利水平等）、养老金与公共财政（养老金总资产水平、储备金、养老金支出占 GDP 的比重、政府债务占 GDP 的比重、公共财政的福利支持需要等）、经济增长（GDP、就业率）。

关于实现可持续的改革路径，综合国内外改革实践经验，基本可以分为两种，一种是“结构改革”，另一种是“参量改革”。从欧洲改革实践来看，20 世纪 80 年代以来，以世界银行提倡的“结构调整”为主要方向的公共养老金制度改革只在少数欧洲国家得到了实施，主要原因在于欧洲国家的社会和政治结构很难适应激进的结构改革。多数欧洲国家针对老龄化条件下公共养老金制度存在的财政不可持续和养老金充足性等突出问题，采取了“小步慢走”的参数改革方式。90 年代欧洲经济增速放缓，越来越多的欧洲国家倾向于选择养老金参数改革。从效果来看，欧洲国家通过改革已经实现了或正在接近公共养老金支出的可控制，当然，实现养老金的财政可持续并非养老金改革的根本目标。建立公共养老金制度的初衷应该是减少老年贫困，实现社会均衡发展。对于参量改革来说，财政可持续指标和社会可持续指标同等重要。

大多数机构和学者都主张通过“参量改革”，稳字当头，稳中求进，逐步实现公共养老金制度的可持续发展。世界银行第 128 号工作报告认为，未来养老金实现可持续的改革举措应该包括：调整退休年龄，加强缴费与领取待遇之间的联系，充分考虑男女平等，更多地照顾工薪阶层和自雇人员的平衡，减少行业退休特权，劳动力市场改革（如缴税制度等），减少公共债务为应对养老支出腾出空间，鼓励私有养老金之间的竞争等。国际货币基金组织 1996 年发布的题为“老龄化人口和公共养老金计划”的工作论文中提到，有四种方式可以缓解公共养老金的财政压力，其中第一种就是对养老金制度进行“参数化调整”，例如调整缴费、退休年龄或退休金待遇的指数等。当然，现收现付制和基金积累制在应对老龄化危机方面没有优劣之分。杨健（2022）认为，可以代际平衡理念弹性延长退休年龄、以第三支柱制度创新丰富多层次养老金体系、以建设家庭友好型支持政策营造社会生育环境等策略，从不同方面促进养老金制度可持续发展。张苏等（2021）从经济学的角度，主张将养老金的可持续性与经济增长和社会福利相结合，使经济增长成果和养老金制度所带来的社会福利惠及每一位公民。高山宪之等（2019）指出，确保财政可持续性的主要政策选项有四个：降低养老金的待遇水平、提高开始领取养老金的标准年龄、提高缴费率、增加国民生产总值。

本书认为，应该通过结构性改革和参量改革双管齐下，从而保证我国城镇职工基本养老金制度持续健康发展，具体包括重构三支柱养老金体系，把个人账户制度从第一支柱中剥离出来，划入第二支柱，使各支柱职能清晰，相得益彰；不断完善企业职工基本养老保险全国统筹制度，坚持系统观念，以统一全国养老保险政策和全面规范养老保险基金收支管理为核心，以信息系统和经办服务管理全国一体化为依托，合理划分中央和地方养老保险事权，压实地方政府责任，健全激励约束机制，解决地区间基金结构性矛盾，有效防范基金运行风险，推动养老保险制度更加公平可持续；积极发展第三支柱个人养老金制度，探索实行弹性退休制度，做实缴费基数，延长缴费年限，完善投资机制等改革举措。

第四章　养老金可持续性评价指标体系构建

本章在对国内外已有指标体系进行比较分析的基础上，构建出我国城镇职工基本养老保险制度可持续性评价的指标体系。具体分为三个部分：国际指标体系比较分析、国内指标体系比较分析、指标体系构建。

第一节　国际指标体系比较分析

本节选取了国际上比较有典型性和代表性的四个指标体系，分别是世界银行的养老金发展指标体系、GRS可持续列表、安联养老金可持续指数、美世全球养老金指数。考虑到面向全球几十个主要经济体开展实际评估的只有安联金融保险集团和墨尔本美世咨询公司，本章重点对这两个项目的评估结果进行横向和纵向分析。

一、国际指标体系概要

随着国际交流合作不断深入，国家之间的来往日益密切，信息公开程度越来越高，人们制造了越来越多的国际排名，如世界大学排名、国家廉洁指数排名、环境质量排名、城市发展排名等，这些排名不仅影响着各国的内政外交，对人们日常生活的影响似乎也无处不在。斯坦福大学教授朱迪思·凯利出版的专著《计分卡外交：通过评分国家去影响其声誉和行为》揭示了国际排名的运作逻辑与外交影响。

通过一个指标体系对一项内容进行评估，评估结果的有效性和可信度至关重要。有效性通常用效度来反映，可信度则由信度来表现。效度指有效地反映了事物本身，信度指测量的稳定性，即使不同测量者运用不同的测量方法，在不同时间进行测量，其结果也应该具有很高的一致性[①]。对一项评价结果的信度和效度进行衡量，指标大致包括评价的理论基础、指标设置、权重分配等内容[②]，反复验证评价的原始数据，能帮助我们识别该评价的信度和效度[③]。

人口老龄化在全球范围内蔓延，养老金制度可持续问题已经引起各国政府的普遍关注，一些咨询公司在全球范围内对养老金制度的可持续性进行了评估，其中安联推出的养老金可持续指数和美世公布的全球养老金指数涉及范围最广，年度连贯性最强，受到的关注也最广泛。德国安联保险集团（以下简称“安联”，英文为 Allianz）和墨尔本美世咨询公司（以下简称“美世”，英文为 Mercer）推出的年度养老金制度可持续指数引起广泛关注，GRS 咨询公司也开发了一套质性研究方法——可持续列表，还有世界银行公布的养老金制度评估指标体系，同样值得关注并进行比较分析。目前已有较多养老金制度可持续性方面的研究，但是在全球范围内对

① 马亮，杨媛．城市公共服务绩效的外部评估：两个案例的比较研究［J］．行政论坛，2017（4）：94-101.

② YU W，MA L. External government performance evaluation in China：A Case Study of the “Lien Service-oriented Government Project”［J］. Public Money & Management，2015，35（6）：431-437.

③ 马亮，杨媛，刘柳．第三方公共服务绩效评估可靠吗？——广东省的案例研究［J］．实证社会科学（第五卷）：8-26.

各国养老金制度的可持续性进行调查和评估的较少，对这些评估结果的有效性进行研究的更少。本章选取的是安联保险集团最近三次的评估数据和美世咨询公司最近五次的评估数据，不仅进行横截面研究，还进一步对两个项目进行历时纵贯比较，同时对定量和质性两种指标体系研究方法进行比较分析，为应用、完善和推进公共养老金制度可持续性评估提供了经验依据，也为我国公共养老金制度评估指标体系构建提供了借鉴。

基于已有数据，本书对安联、美世两个项目同一年的可持续得分数据进行皮尔逊相关分析，对同一年的排名数据进行斯皮尔曼相关分析，同时对这个项目不同年份的得分排名数据进行相关分析。对同一年的评估结果进行比较，作为养老金制度可持续指数评估横截面上的信度检验。对安联、美世两个机构的调查结果分布进行纵向比较，用于跨时间的信度检验。这些都为本文最终的指标体系构建提供经验借鉴。

1. 安联养老金可持续指数报告

安联于 2009 年、2011 年、2014 年、2016 年公布了“养老金可持续指数”，于 2020 年公布了“综合养老金指数”，2016 年对全球前 54 大经济体进行测算排名。该指数包含了人口结构、养老金制度、养老与公共财政占比三个子项目，详细指标构架见表 8。排名中澳大利亚居首，荷兰第 4 名、美国第 10 名，这些国家的第二支柱私人养老金都非常发达。与前述国家形成鲜明对照的就是私人养老金贫乏的欧债危机国家，如葡萄牙排名第 42 名，西班牙第 45 名，意大利第 49 名，希腊第 51 名。我国排名第 53 名，倒数第二，甚至低于深陷债务危机的希腊。2020 年，安联改变了以往只评估可持续性一项大指标的做法，从财政与人口、可持续性、充足性三个维度，对全球范围内 70 个经济体进行综合养老金指数评估。由于指标架构和打分排名方式的巨大变化，评估结果与以往年份差异较大，不完全具有可比性，详见表 9。

表 8　安联可持续指数评估指标（2016 年）

<table>
<tr><th>子指标</th><th>现状（权重 0.75）</th><th>动态（权重 0.25）</th></tr>
<tr><td>人口</td><td>老年抚养比（OAD[①]）</td><td>至 2050 年，老年抚养比的变化</td></tr>
<tr><td rowspan="3">养老金体系</td><td>第一支柱的养老金待遇水平和劳动力覆盖率</td><td>养老金待遇的变化</td></tr>
<tr><td>法定和实际退休年龄</td><td rowspan="2">过去的改革</td></tr>
<tr><td>基金支柱和储备基金占 GDP 百分比</td></tr>
<tr><td rowspan="3">公共财政</td><td>养老金给付占 GDP 百分比</td><td rowspan="3">至 2050 年，养老金给付占 GDP 百分比的变化</td></tr>
<tr><td>公共债务占 GDP 百分比</td></tr>
<tr><td>福利支持需求</td></tr>
</table>

资料来源：安联养老金可持续指数评估报告 2016。

表 9　安联养老金指数评价指标（2020 年）

财政与人口（20%）	可持续性（40%）	充足性（40%）
·财政回旋余地 40%（预算赤字 30%、老年公共支出 70%）； ·人口变化 60%（2019 年老年人口抚养比 10%、2050 年老年人口抚养比 40%、2019—2050 年抚养比变化 50%）	·先决条件（退休年龄 80%、最低缴费年限 20%）； ·财务（筹资方式 17.5%、缴费率 52.5%、提前退休扣除 15%、人口因素 15%）	·第一支柱（覆盖面 70%、替代率 24%、最低养老金 6%）； ·其他养老金收入（第二支柱 20%、金融资产 70%、有酬就业 10%）

资料来源：安联养老金指数评估报告 2020。

2. 美世全球养老金指数报告

自 2009 年以来，美世咨询公司与维多利亚政府、莫纳什商学院澳洲金融研究中心合作，连续 13 年推出"全球养老金指数"年度报告。美世对一些经济体的养老金体系进行总体评价，可持续只是其中的一个方面，还包括充足性和整体性，指数权重分别为：养老金充足性 40%、可持续性 35%、整体性 25%。其中，可持续性主要包括以下指标：养老金覆盖面、总资产、人口（如预期寿命、老年人抚养比、总和生育率等）、公共支出、政府债务、经济增长，详见表 10。评分采取百分制，共分为七个级别（A/

① 65 岁以上人口占 15—64 岁人口的比重。

B+/B/C+/C/D/E）。2021 年，美世对全球 43 个经济体的养老金制度进行了评分评级和综合排名。单就养老金体系的可持续性而言，冰岛和丹麦得分最高，中国排名第 31，位列第六级（D）。

表 10　美世养老金指数评价指标

充足性（40%）	可持续性（35%）	整体性（25%）
·养老金待遇 ·制度设计 ·储蓄 ·税收支持 ·房屋所有 ·增长资产	·养老金覆盖面 ·总资产 ·人口 ·公共支出 ·政府债务 ·经济增长	·规则 ·治理 ·保护 ·沟通 ·成本

资料来源：历年美世养老金指数评价报告。

为呈现两份报告的全貌并形成直观比较，在此，对安联 2020 年度报告和美世 2021 年度报告的指标体系和主要结论进行整理，详见表 11。

表 11　安联、美世可持续性评估最新情况

比较项目	安联 2020 年报告	美世 2021 年报告
评估目的	克服国家体制机制差异，评价共通关键指标，结果可以为国家是否需要进行养老金制度改革以实现长期可持续性提供依据	用多个指标对不同国家的养老金体系进行评估，找到各自的弱点和改革突破口，帮助构建充足的、可持续的、整体性的养老金体系
指标体系	先决条件 60%： 1. 退休年龄 80% 2. 最低缴费年限 20%。 财务因素 40%： 1. 筹资方式 17.5% 2. 缴费率 52.5% 3. 控制提前退休 15% 4. 人口因素 15%。	私人养老金覆盖面 20% 养老金总资产 15% 人口相关 30%（包括人口预期寿命、老年人口抚养比、总和生育率、劳动参与率等具体指标） 公共支出 15% 政府债务 10% 经济增长 10%

续表

比较项目	安联 2020 年报告	美世 2021 年报告
整体结论	1. 印度尼西亚和保加利亚的养老金体系可持续性得分最好，他们都采取了延迟退休年龄、抑制提前退休、在第一支柱现收现付的基础上引入基金积累制等举措，保加利亚的人口预期寿命是欧盟成员国中最低的，最低缴费年限超过 30 年。 2. 沙特阿拉伯、斯里兰卡和马来西亚的养老金可持续性最差，这三个国家退休年龄还保持在 60 岁甚至更低，在抑制提前退休和改善人口结构等方面都没有实际举措。 3. 中国的可持续指数得分 2.94，排在第 5 名。报告指出，由于世界人口和经济形势都很严峻，再加上新冠疫情影响导致失业率上升、收入减少、缴费下降等原因，各国可持续性表现都不太好，相比之下，中国表现可圈可点	1. 冰岛、丹麦、荷兰的可持续性得分居前三甲，得分均高于 80 分，位列 A 档。这些国家的养老金体系完备，多支柱，且第一支柱以外的部分较发达，而且法定和实际退休年龄都较高。 2. 可持续性得分低，且位于最后一档 E 档的国家有：阿根廷、奥地利、巴西、意大利、西班牙、土耳其。 3. 中国位于倒数第二档——D 档。影响美世养老金可持续得分最重要的三个因素是：私人养老金覆盖面、养老金资产的 GDP 占比、未来人口形势，这几项中国得分都很低
注：1. 安联报告分地区讨论（西欧北美 / 中东欧 / 亚洲 / 澳洲、拉美和非洲），美世报告对每个国家、每种制度都有简短介绍和讨论。 2. 最新的安联、美世分析报告都不局限于可持续性，还对充足性、整体性等进行赋分排名，而且，都重点关注了充足性和可持续性二者的关系。 3. 安联采取 10 分制，2020 年采取倒序排名，分值越低，水平越好；美世采取 100 分制，还进行分档，包括 A、B+、B、C+、C、D、E 共七档。 得分越高，档次越高。		

资料来源：安联养老金指数评估报告 2020、美世养老金指数评估报告 2021。

3. 世界银行的养老金发展指标体系

世界银行（马克·多尔夫曼和罗伯特·帕拉西奥斯，2012）使用了三种类型的指标对养老金制度进行评估（见图 4）。一是养老金制度运行的环境，二是制度设计（制度架构），三是制度实际运行表现。这三项指标可以对养老金制度进行全方位评估，即使是同一种制度，它在不同的环境下运行，也会有不同的实际表现，甚至是截然不同的运行结果。

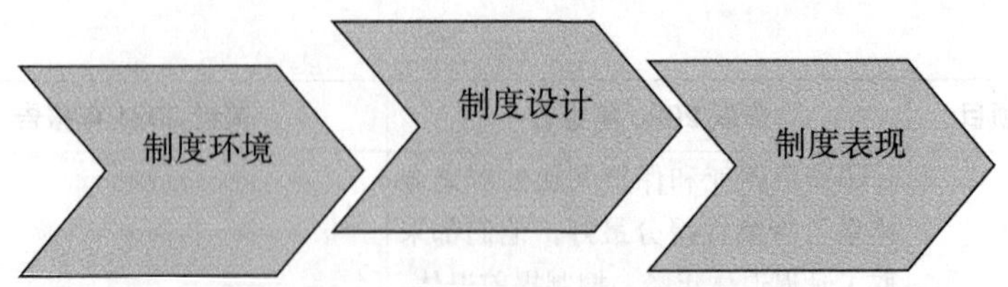

图 4　养老金制度评估指标体系

资料来源：Mark Dorfman and Robert Palacios，“World Bank Support for Pensions and Social Security”，World Bank Discussion Paper No. 1208，March 2012：11-12.

第一项指标是指养老保险制度所处的环境运营。这包括人口状况（包括基于联合国人口预测数据库的长期预测）、劳动力参与、宏观经济条件、财政空间、金融行业发展等有关这些指标。需要注意的是，这显然不是一个详尽的列表，它并没有穷尽制度环境涉及的所有因素，比如它忽略了文化和政治因素以及其他特殊的特征——自然灾害发生频率等。

第二项指标抓住了养老金制度结构设计的关键特征和规则。包括系统的整体架构（包括现有的支柱，是否有多支柱在并行运作）、资格条件或规则、缴费率、隐含的待遇及相关风险。2008 年世界银行的工作报告列出了五项主要标准，用来评估是否需要对养老金制度进行改革。这涉及养老金制度是否具备这些能力：（1）解决老年人贫穷问题的能力（以及相关的残疾人和幸存者）；（2）企业、工人的负担能力；（3）当前和未来的财务可行性；（4）代内和代间转移方面的公平性；（5）防范通货膨胀、资产回报、长寿风险或政府随意改变政策等诸多风险的能力。此外，养老金制度通过影响储蓄、劳动力和资本市场，而可能产生其他间接影响，这一点也很重要。

第三项指标试图通过这些评价标准来掌握制度运行效果。它包括覆盖面、财务可持续性、充分性以及经济、行政效率。在任何国别分析和跨国比较中，人口状况（包括现在和未来长期预测）都是一个重要的研究起点。此外，劳动力市场情况既有可能对养老金制度作出贡献，也有可能会受到养老金制度影响。其他需要考虑的重要因素还包括财政状况和国内金融机构状况等。

表 12　养老金制度评估指标——制度环境

人口结构	
老年人口抚养比	65 岁以上人口占总人口的比重
预期寿命	按性别进行区分
生育率	每名妇女的生育率
经济情况	
劳动力参与	劳动人口占总人口的比重，按性别和年龄区分开
公共部门债务	占 GDP 的比重
公共部门盈余 / 赤字	占 GDP 的比重
非正式支持	
与子女共同生活的老年人	占总人口的比重

资料来源：Mark Dorfman and Robert Palacios，“World Bank Support for Pensions and Social Security”，World Bank Discussion Paper No. 1208，March 2012：13.

表 13　养老金制度评估指标——制度设计

制度架构	
支柱	单支柱还是多支柱？制度筹资机制等
公务员	加入国家公共养老金制度还是单列
资格条件	
领取年龄	法定年龄
缴费年限	至少需要缴多长时间才能享受一项福利
参数—缴费	
养老金缴费率	雇主、雇员以及汇总
社保缴费率	雇主、雇员以及汇总
可领取养老金的上限	
参数—待遇	
目标替代率	一生，按性别和收入水平区分
目标养老金财富	一生，按性别和收入水平区分
退休激励	年龄在 50—70 岁，额外工作一年的养老金财富变化以及个人收入百分比
投资风险	受投资风险影响的养老金比例
长寿风险	受长寿风险影响的养老金比例

续表

公共与私人养老金的角色	私人部门提供的养老金比例
筹资机制	现收现付制，还是完全积累制，或是部分积累制
不缴费、最低养老金水平	目标价值、最低价值、基本价值，占平均收入的百分比

资料来源：Mark Dorfman and Robert Palacios，“World Bank Support for Pensions and Social Security”，World Bank Discussion Paper No. 1208，March 2012：14.

表 14　养老金制度评估指标——制度表现

覆盖面	
贡献者	人数，占劳动人口百分比，占劳动年龄人口百分比
受益者	人数，占总人口百分比，占 65 岁以上人口百分比
充足性	
按性别划分的经验替代率	个人收入占比
养老金收入与老年家庭支出之比	
按性别区分老年收入	人口收入占比
按性别区分老年贫困	老年人口占比
财务可持续性	
当前养老金支出	GDP 占比
当前财政赤字	GDP 占比
未来养老金支出的现值	
支出现值与当前全部税收收入之比	GDP 占比
支出现值与缴费现值之比	GDP 占比

资料来源：Mark Dorfman and Robert Palacios，“World Bank Support for Pensions and Social Security”，World Bank Discussion Paper No. 1208，March 2012：16.

4.GRS 可持续列表———种质性研究方法

与安联和美世的养老金可持续评估方法不同，GRS 咨询公司开发了一套可持续列表，被称为具有代表性的养老金制度可持续质性研究方法。通过质性研究工具来研究 DB 计划的财务可持续性，这种质性评价工具叫作“可持续列表（A Sustainability Checklist）”。这个列表包含了许多测量，能够帮助我们更有针对性地讨论 DB 计划，并且提供养老金计划现在和未来潜在的风险来源，便于干预防控可能发生的风险。列表包括 21 个指标，每项都进行相应的星级评定，最后汇总进行可持续性评估。可持续列表包含的指标体系如表 15 所示。

表 15　GRS 可持续列表

问题项	回答示例	等级	打分分类
1. 根据公认的精算惯例，是否有法律规定的缴费金额？	是	★★★★★	如果缴费金额由计划发起人决定，则 0 颗星
2. 雇主缴费是否在必要时自动作出最低调整？	是	★★★★★	如果回答“是”且每年都做精算评估，则为 5 颗星
3. 计划发起人是否证明有 10 年满足所需缴费的历史？	是	★★★★★	如果计划保荐人已做出所有精算确定的雇主供款，则为 5 颗星
4. 当前的费率是多少？	84%	★★★	如果为 100%，则为 5 颗星
5. 缴费比例是否高于 10 年前？	是	★★★★★	
6. 根据目前的实践和假设，未来 10 年内的资助比例会更高吗？	是	★★★★★	
7. 根据目前的实践和假设，未来 10 年内非积累的负债是否会降低？	是	★★★★★	
8. 根据当前的融资政策，当前 UAAL 的剩余分期偿还周期是多长？	19 年	★★★★★	如果是 30 年，为 1 颗星；小于 25 年则为 3 颗星，小于 20 年则为 5 颗星
9. 新经验损失、计划修订和假设变更的分期偿还周期是多长？	25 年	★★★★	15—20 年则为 5 颗星
10. 分期偿还周期与资产平滑期加起来，共多长时间？	35 年	★★	≤ 25 年则为 5 颗星
11. 退休委员会是否定期检查或复审精算假设？	每 4 年	★★★★	如果是每 3 年进行或者是宏观经济每 2 年，则为 5 颗星
12. 根据精算分析，在负债期间达到或超过假定年收益率的可能性有多大？	~50%	★★★★	大于 55% 则为 5 颗星
13. 过去 10 年，每年在职人员的百分比变化是多少？	+0.5%	★★★★	负增长是 1 颗星，0% 则为 3 颗星，＞ 1% 则为 5 颗星

续表

问题项	回答示例	等级	打分分类
14. 分期偿还假定的工资（收入）增长率是多少?	2.75%	★★★★★	如果与一个稳定的活跃人口的工资通胀假设相等，并得到过去 10 年工资增长的历史平均值的支持，则为 5 颗星
15. 福利改善的分期偿还周期是多长?	25 年	★★★	25 年为 3 颗星，15 年或者开放计划更少则为 5 颗星
16. 是否有可能支付没有反映在负债和缴费中的福利?（即没有预先获得资助；补贴服务购买；或工资上涨模式等）	否	★★★★★	
17. 这些责任是否与未来的经验有关（这意味着，如果实际经验不能满足假设，未来的负债将会更低）?（即有退休后福利改善及按实际市场回报计算的现金结余利息信贷）	否	★★	按具体情况而定
18. 短期和中期的负面现金流的资产占比是多少?	1%	★★★★★	< 3.5% 则为 5 颗星
19. 长期负面现金流的资产占比是多少?	3.75%	★★★★	< 3.5% 则为 5 颗星
20. 目前的在职人员与退休人员的比例是多少?	1.8	★★★★★	> 1.7 则为 5 颗星
21. 长期的在职人员与退休人员比例是多少?	1.1	★★	> 1.4 则为 3 颗星

资料来源：笔者根据 GRS 咨询公司的内部报告归纳整理。

这套可持续列表的定性研究方法包括 21 个问题项，基本涵盖了缴费率、缴费年限、待遇领取、经济状况、财政状况、公共债务、人口结构、制度抚养比等内容，通过被测制度的情况回答，结合星级评定，最后得出对一种养老金制度可持续性的综合评估结果。它可以反映一些非常个性化的情况，但不足之处也很明显，不如定量研究那样得出的数据直观明了。

二、国际指标体系对比分析

在数据获取上，所有数据均来源于公开的网页、图书、报刊等。安联自 2009 年开始对全球 40—50 个经济体的养老金制度可持续指数（Pension Sustainability Index，PSI）进行评估排名，分别于 2009 年、2011 年、2014 年和 2016 年公开发布报告，公布其评价的方法、数据和各国养老金制度可持续指数的得分排名情况。通过网页搜索，得到了 2009 年、2014 年和 2016 年的年度报告，2011 年的年度报告缺失。2009 年和 2014 年的年度报告仅有排名，没有具体得分。2016 年的年度报告既有得分，也有排名。2020 年公布了“综合养老金指数”，并不局限于评估可持续性，还对充足性、财政与人口等进行了综合评估。美世自 2009 年开始每年对全球范围内 30 多个国家的养老金制度指数（Melbourne Mercer Global Pension Index，MMGPI）进行评估排名，其中包括可持续这个维度，通过网站搜索下载了 2016—2020 年的年度评估报告。通过消息灵通人士拿到最新发布的安联 2020 年报告纸质版和美世 2021 年报告纸质版。两份报告的原始数据和详细的评价计算方法并未公布。

考虑到安联 2020 年的指标体系、权重设置以及赋分排名方法都作了较大调整，安联 2016 年报告在一定程度上起到了承上启下的作用，因此，横向上选取两个机构 2016 年的评估结果进行比较分析；纵向上，安联和美世分别有 4 年和 6 年的数据可以进行分析。

在比较时，本书分别将安联和美世 2016 年的评估结果进行比较，作为养老金制度可持续指数评估横截面上的效度检验。除此之外，还对两个机构的调查结果分布进行纵向比较，即对安联 2009 年、2014 年、2016 年、2020 年的养老金可持续指数排名以及美世 2016 年、2017 年、2018 年、2019 年、2020 年、2021 年 6 年的养老金可持续指数排名进行比较分析，用于跨时间的信度检验。

1. 两个项目的横向比较

为横向比较两个项目的评估情况，对2016年的可持续得分数据作皮尔逊相关分析，排名数据作了斯皮尔曼相关分析。详见表16。

表16　安联得分和美世得分相关分析结果

	安联得分	安联排名
美世得分	0.821**	
美世排名		0.830**

注：**$p<0.01$，表示在0.01的水平上统计显著。

从表16可知，安联得分和美世得分之间的相关系数值为0.821，并且呈现出0.01水平的显著性，说明安联得分和美世得分之间有着显著的正相关关系。安联排名和美世排名之间的相关系数值为0.830，并且呈现出0.01水平的显著性，说明安联排名和美世排名之间有着显著的正相关关系，两份排名基本吻合。

此横向比较是用美世其中的可持续指数进行分析，而不是总指数。为了更直观地展现两项评估之间的差异，对2016年安联和美世可持续指数得分制作了散点图并画出线性拟合曲线。国家分布离线性拟合曲线的距离越远，说明两项排名之间的差距越大，反之亦然（详见图5）。可以看出散点图中基本不存在孤点，也就是说两个项目得分的一致性程度较高。

2. 两个项目的纵向比较

为了检验两项调查纵向上的稳定性，本书分别对安联、美世各年份的评估结果进行相关性分析。

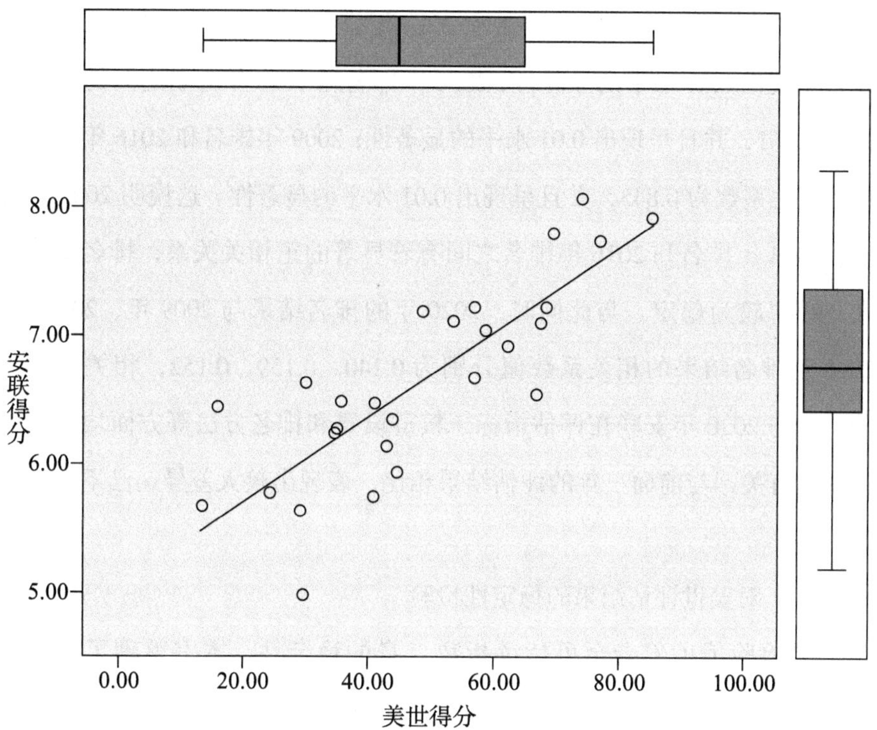

图 5　2016 年两个项目可持续指数排名的散点图与线性拟合线

（1）对安联评估结果的稳定性检验

为探寻安联养老金指数评估自身排名的稳定性，本书对 2019 年、2014 年、2016 年和 2020 年的排名情况进行了整理统计，并作了斯皮尔曼相关分析。详见表 17。

表 17　安联 2009 年、2014 年、2016 年和 2020 年排名相关关系分析结果

	2009 年	2014 年	2016 年	2020 年
2009 年	1			
2014 年	0.851**	1		
2016 年	0.845**	0.961**	1	
2020 年	0.140	0.159	0.152	1

注：** $p<0.01$，表示在 0.01 的水平上统计显著。

从表 17 可知，2009 年排名和 2014 年排名之间的相关系数为 0.851，并且呈现出 0.01 水平的显著性；2014 年排名和 2016 年排名之间的相关系数为 0.961，并且呈现出 0.01 水平的显著性；2009 年排名和 2016 年排名直接的相关系数为 0.845，并且呈现出 0.01 水平的显著性。这说明 2009 年排名、2014 年排名和 2016 年排名之间有着显著的正相关关系，排名变化不大，结果较为稳定。与此同时，2020 年的排名结果与 2009 年、2014 年、2016 年排名结果的相关系数值分别为 0.140、0.159、0.152，相关性不显著。这与 2020 年安联在评估指标、权重设置和排名方法等方面均做出较大调整有关，与前面三年的评估结果相比，表现出较大差异，已不具有可比性。

（2）对美世评估结果的稳定性检验

为检验美世养老金可持续指数自身的稳定性，本书整理了 2016—2021 年的得分排名情况，并作了斯皮尔曼相关分析。详见表 18。

表 18　美世 2016—2021 年排名相关关系分析结果

	2016 年	2017 年	2018 年	2019 年	2020 年	2021 年
2016 年	1					
2017 年	0.986**	1				
2018 年	0.987**	0.996**	1			
2019 年	0.985**	0.967**	0.975**	1		
2020 年	0.976**	0.959**	0.964**	0.989**	1	
2021 年	0.958**	0.950**	0.949**	0.977**	0.991**	1

注：** $p<0.01$，表示在 0.01 的水平上统计显著。

从表 18 可知，2016 年与 2017 年、2018 年、2019 年、2020 年、2021 年排名之间的相关系数值分别为 0.986、0.987、0.985、0.976、0.958，并且均呈现出 0.01 水平的显著性，说明他们之间有着显著的正相关关系；同样，2017 年与 2018 年、2019 年、2020 年、2021 年排名都呈现出显著的正相关关系；2018 年与 2019 年、2020 年、2021 年排名都呈现出显著的正相关关系；2019年与2020年、2021年排名都呈现出显著的正相关关系；2020年与2021年排名也呈现出显著的正相关关系。综上所述，美世2016—2021年排名较为稳定。

三、对比分析结论

由上述数据分析可知，除安联2020年报告之外，安联和美世的评估结果具有较高的相关性，且各年份的纵向稳定性较高。这说明两个项目的评估基本上是有效的，而且信度较好。对于我国持续推进养老金制度建设，具有重要的启发意义。当然，在参考借鉴时，应该综合考虑两个项目的评估结果，而不是完全以某一个评估结果为严格准绳。

这两个项目的评估各有优点和缺点。相对而言，安联评估涉及的范围更广，2009年评估了37个国家和地区，2014年评估了50个国家和地区，2016年评估了54个国家和地区，2020年评估了70个国家和地区；美世2016—2021年分别评估了27个、30个、34个、37个、37个、44个国家和地区。

尽管两个项目都覆盖了七大洲的典型国家和地区，但安联评估的局限性在于它完全是一家公司独立完成，评估工作和报告发布断断续续，由于项目负责人更迭等原因导致评估几度中断。美世则是与维多利亚政府、莫纳什商学院澳洲金融研究中心合作完成，综合企业、政府和科研机构三方优势，每年开展评估并如期发布报告，数据翔实，年度连贯性更好。

相比之下，GRS咨询报告提出的“可持续列表”采用了质性研究方法，通过提问和回答的方式，可能有助于发现制度个性问题，不足之处在于，评星定级的方式不如打分量化的方式更加直观、易于平行比较。

第二节　国内指标体系比较分析

本节对国内已有指标体系和相关研究进行梳理，比较分析他们的优点和不足，为下文构建本书的指标体系提供借鉴。

一、代表性指标体系选取

受到这些国际排名的启发，郑秉文率其团队分别在 2013 年、2018 年发布了我国养老金发展指数，包括 3 个一级指标，即充足性、可持续性和多层次，下面有 12 个二级指标。对 31 个省、直辖市、自治区的相应项目进行打分排名，基本结论为：我国养老金制度在充足性方面取得较大进展，从全国层面来看，可持续性良好，多层次总体发育缓慢，但三个方面的地区间差异大，各地差异明显[①]。指标体系详见表 19。

表 19　中国养老金发展指数评价指标及加权分值

一级指标	二级指标	加权分值
充足性	领取城镇基本养老金人口占法定退休年龄人口比率	10
	基本养老保险人均养老金水平占城镇单位在岗职工平均工资比率	10
	基本养老保险人均养老金水平占城镇居民人均可支配收入比率	10
	基本养老保险基金支出占 GDP 比率	10
可持续性	城镇就业人员基本养老保险参保比率	10
	基本养老保险制度赡养率	10
	基本养老保险基金可支付月数	10
	基本养老保险人均缴费金额占城镇单位在岗职工平均工资比率	10

① 高庆波．中国养老金发展指数 2018［J］．经济研究参考，2019（14）：22-25.

续表

一级指标	二级指标	加权分值
多层次	企业年金职工参与率	5
	企业年金基金积累额占 GDP 比率	5
	人身保险密度	5
	人身保险深度	5

资料来源：《中国养老金精算报告 2019—2050》，第 113—114 页。

二、其他有关研究

王晓军将度量养老金体系可持续性的指标概括为：覆盖面、待遇充足性、成本可负担性、代际和代内分配公平性、应对老龄化和长寿趋势的长期支付能力等几个方面。她认为，覆盖面通常用覆盖率衡量，覆盖率是指养老金制度覆盖人数与应覆盖人数的比例；待遇充足性可以用养老金替代率衡量，其中，替代率 = 养老金 / 工资，依据分子和分母的不同口径，可以分为个人总替代率、个人净替代率和社会平均替代率三个指标，其中，个人总（净）替代率用于衡量个人养老金总（净）收入相对退休前总（净）收入的水平。社会平均替代率用于衡量社会平均养老金相对社会平均工资的比例。成本可负担性从宏观上可以用养老金支出占 GDP 的比例、养老金支出占缴费工资总额的比例、个人和单位的养老金缴费率等来衡量。通过观察这些指标随时间的变动，可以看出养老金支出对国家、单位和个人财务负担的变动趋势。代际和代内分配公平性可以用不同人群养老金的内涵回报率及养老金财富与养老金缴费的比例来衡量，前者是实现参保缴费与待遇领取平衡时的内涵回报率，后者是待遇现值与缴费现值的比例。通过这两个指标的代际和代内对比，可以衡量分配的公平性。长期支付能力可以用养老保险基金在长期内的年度基金率和长期收支平衡来衡量。年度基金率 = 年末累计结余基金 / 下年支出。如果基金率等于 1，表明结余资金能够满足对下一年的支付；如果在长期内基金率都维持在 1 以上的水平，表明制度在长期内有支付能力。养老保险基金的长期收支平衡一般用长期精算余额来度量。长期精算余额是未来长期内养老金系统期初结余基金和收入现值之和与支出现值的差额，表示在长期内收入与支出的差距。如果长期精算余额为正数，表明长期内系统具备财务偿付能力，长期精算余额数额越大，偿付能力越充足；反之，如果长期精算余额为负数，表明长期内系统偿付能力不足。长期精算余额是一个绝对金额，受货币计量单位和货币时间价值的影响，不便用于比较分析。实际中更多采用长期精算平衡率指标，长期精算平衡率是长期精算余额与缴费工资总额的比例，等于长期综合收入率与长期综合成本率的差。长期综合收入率是期初结余基金和收入现值之和与缴费工资现值的比例，长期综合成本率是支出现值与缴费工资现值的比例。在以上几个方面的指标中，对代际和代内分配公平性的分析，需要跨不同世代和同时期分类人群的人口、经济和参保数据，测算模型比较复杂，其分析结果主要反映养老保险制度的公平性①。

本书仅关注可持续性，所以，重点对指标体系的可持续性指标以及四个二级指标进行分析。中国养老金发展指数指标体系中的可持续性研究指标，包含四个内容：城镇就业人员基本养老保险参保比率、基本养老保险制度赡养率、基本养老保险基金可支付月数、基本养老保险人均缴费金额占城镇单位在岗职工平均工资比率，城镇就业人员基本养老保险参保比率反映制度的缴费覆盖情况；基本养老保险制度赡养率的发展趋势在一定程度上决定着未来的养老金收支；基本养老保险人均缴费金额占城镇单位在岗职工平均工资比率反映的是参保职工的缴费水平，这个指标在研究省级

① 王晓军，等．长寿风险与养老金体系可持续发展研究［M］．北京：科学出版社，2021：74–75.

行政区截面数据时存在偏差，因为各地缴费基数不一样；基本养老保险基金可支付月数反映的是养老金制度应对冲击的能力，如果基金结余可支付月数过少，制度可持续性堪忧，如果基金结余可支付月数过多，也违背现收现付模式的理念和初衷，意味着年轻人缴费压力大，结余资本管理成本高，还有贬值风险。

我们还要看到，上述可持续性指标的分值是采用均权法，每项 10 分，共 40 分，并未体现指标的权重差异，这也是本书在构建指标体系时需要注意并着力改进的地方。

三、国内比较分析述评

通过对上述指标与前面写到的国际三项指标进行比较，研究发现，中国养老金发展指数充分借鉴了美世咨询公司的指标架构，同时也结合了中国养老金制度特色。国内对养老金制度可持续性的研究，大多是运用精算模型，设定不同情境和模式，对各种可能的方案进行分析。通过构建指标体系，对可持续性进行评估的研究很少，我们通过知网系统查找了养老金制度可持续性评估分析的 100 余篇文章，除了郑秉文教授团队在 2013 年和 2018 年分别发布了中国养老金发展指标和指数报告之外，专门针对我国城镇职工基本养老保险制度可持续性进行研究的只有林佩芳、褚杭（2012），她们建构了一套指标体系，对 31 个省级行政区养老金制度的可持续性进行截面评估，不足在于文章的指标选取依据不明，没有进行合理性分析，而且，没有进行时间序列纵贯分析，这些也是本书的改进和创新点。

第三节 指标体系构建

在对国内外已有指标体系进行梳理总结的基础上，得出本书指标体系构建的基本逻辑和构成要素，从宏观经济、人口结构和制度运行三个维度进行构建。

一、国内外比较分析的结论与启示

综合国内外养老金制度可持续性评估指标和指数报告，我们发现：

一是主要聚焦养老金制度的财务可持续性，即狭义上的可持续。近年来广义上的可持续受到越来越多的关注，既不局限于财务可持续，又关注政治可持续或社会可持续。比如，公众对政府或者某个养老金制度的信任指标就很重要，因为如果人们对某个制度没有信心，一部分人或者很多人会选择不加入该制度，那么这个制度的覆盖面和缴费端都会受到影响，必然会威胁到财务可持续。再如充足性，其实广义上的可持续包含了充足性，离开充足性仅讨论可持续性没有意义，因为养老金制度设计的初衷是给人们提供适度的退休收入保障。其中还涉及代际公平，“不患寡而患不均”，一代人对某个养老金制度是否满意和支持，与自己的养老金待遇水平跟邻代相比的差距大小有关。这些都应该作为养老金制度可持续评估的重要指标，但相对于财务可持续性而言，政治或者社会上的可持续较难量化，只有在部分定性研究中稍有涉及。本书中的可持续性是指狭义上的财务可持续，不涉及广义上的政治可持续等内容。

二是对于养老金制度的财务可持续性评估指标，可以分为反映制度环境的宏观经济指标和人口结构指标，以及制度运行指标。如果涉及国别比较或者不同养老金制度比较，则要考虑养老金制度的体系架构，如是单支柱还是多支柱，若只是对某一种养老金制度进行评估，则不涉及多种制度的协同配合，或者说制度的支柱单一或多样问题。本书仅针对我国公共养老金的两大主体之一——城镇职工基本养老保险制度进行评估研究，所以不涉及养老金制度体系的支柱性或层次性指标。

三是关于宏观经济指标。一般包含（人均）国内生产总值、工资水平、就业或失业情况，公共财政对制度的预算或补贴、公共部门债务占GDP的比重等指标。人均国内生产总值能在一定程度上反映一国的经济发展水平；考虑到本书仅关注我国城镇职工基本养老保险制度，而且2019年制度缴费基数改革已经明确加入城镇私营单位就业人员平均工资，按照全口径城镇单位就业人员平均工资来核定社保个人缴费基数的上下限，因此，本书选取城镇单位就业人员平均工资作为工资方面的指标；关于就业或失业情况，这直接关系到制度缴费收入，考虑到城镇调查失业率2017年以前的数据缺失，本书选取城镇登记失业率这一指标来反映就业情况；关于公共财政对制度的预算或补贴，在国家统计局公布的年度财政支出大项里面，与养老金制度有关的只有一项，即国家财政社会保障和就业支出，对于我国城镇职工基本养老保险制度的各级财政补贴数据，在制度运行指标中有涉及，所以此处不作细分。关于公共部门债务占GDP的比重，考虑到我国国情以及国家统计局公布数据实际，其中只有中央财政债务余额这一项，而且经过计算与GDP占比情况，近十几年数据基本稳定，上下差不到两个百分点，因此，本书不选取公共部门债务这项指标进行实证研究。

四是关于人口结构指标。主要包括老年人口抚养比、平均预期寿命、人口出生率、人口自然增长率、总和生育率等指标。人口结构指标方面，主要是结合当前人口老龄化的大形势，选取人口出生率、人口自然增长率、老年抚养比以及平均预期寿命四个指标，比较全面地反映每年人口结构的变化或者说人口老龄化的发展情况。关于人口自然增长率，是指人口出生率减去人口死亡率，通常用千分率来表示。关于老年抚养比，国内统计上有两种计算口径，国家统计局采取的是老年人口数与劳动年龄人口数之比，人社部公布的数据则显示，是按照抚养人数与被抚养人数之比来计算的，考虑到数据来源的一致性，尽可能采用国家统计局的数据，因此，本书的老年抚养比数据来源于国家统计年鉴。鉴于已经采用了人口出生率和人口自然增长率两项指标，考虑到指标选取要尽量避免同一重复，因此，本书不再选用总和生育率指标。关于平均预期寿命，一般男性和女性的预期寿命存在差异，本书未作区分，仅以平均预期寿命作为人口结构指标之一进行实证分析。

五是关于制度运行指标。主要有参保人数、参保率、领取养老金人数、基金累计结余、基金累计结余可支付月数、缴费年限、退休年龄、养老金领取年龄以及未来养老金支出现值占 GDP 的比重等指标。国内外已经建构的指标体系大同小异，主要是从制度收入和制度支出两个方面来讲。通常会选取制度参保人数、养老金领取人数作为研究指标，因为我国的制度参保人数包括在职职工参保人数和离退休人员参保人数，为体现在职职工参保人数，本书将它单列，选取参保人数增长率、在职职工参加城镇职工基本养老保险人数、离退休人员参加城镇职工基本养老保险人数作为一组指标，反映制度的缴费和待遇领取情况，同时，制度的基金累计结余是一项重要指标，经测算，目前我国城镇职工基本养老保险制度的基金累计结余约 5.2 万亿元，各级财政补贴累计已达到 8.4 万亿元，因此，为反映制度的实际结余情况，本书选取基金累计结余剔除各级财政补贴作为制度运行指标之一。另外，关于制度参数，如缴费年限、退休年龄等，很长一段时间是固定不变的，所以本书不选取此类指标进行实证研究。最后，未来养老金支出的现值占 GDP 的比重是影响一项养老金制度可持续性的重要因素，虽然当前已经有很多不同版本的预测，但数据上存在一定差异，不适合作为实际数据进行实证分析，本书不做精算分析，因此，不选取涉及未来预测的指标。

二、指标体系的构建

前文比较分析了国内外指标体系并结合我国城镇职工基本养老保险制度实际，初步选取了我国城镇职工基本养老保险制度可持续性评估指标，形成两层指标体系。一级指标包括宏观经济指标、人口结构指标和制度运行指标，宏观经济指标包括四个二级指标，分别是：人均 GDP、城镇单位就业人员平均工资、城镇登记失业率、国家财政社会保障和就业支出；人口结构指标包括四个二级指标，分别是：人口出生率、人口自然增长率、老年抚养比、平均预期寿命；制度运行指标包括四个二级指标，分别是：参加城镇职工基本养老保险的人数增长率、在职职工参加城镇职工基本养老保险人数、离退休人员参加城镇职工基本养老保险人数、城镇职工基本养老保险制度基金累计结余剔除各级财政补贴。

1. 指标体系

（1）宏观经济指标

X_1：人均国内生产总值（元）

X_2：城镇单位就业人员平均工资（元）

X_3：城镇登记失业率（%）

X_4：国家财政社会保障和就业支出（%）

（2）人口结构指标

X_5：人口出生率（‰）

X_6：平均预期寿命（岁）

X_7：老年抚养比（%）

X_8：人口自然增长率（‰）

（3）制度运行指标

X_9：参加城镇职工基本养老保险制度人数的增长率（%）

X_{10}：在职职工参加城镇职工基本养老保险人数（万人）

X_{11}：离退休人员参加城镇职工基本养老保险人数（万人）

X_{12}：城镇职工基本养老保险制度基金累计结余剔除各级财政累计补贴（亿元）

2. 各项指标说明

考虑到人均国内生产总值（元）、城镇登记失业率（%）、城镇单位就业人员平均工资（元）、人口出生率（‰）、老年抚养比（%）、人口自然增长率（‰）、制度参保人数增长率（%）等指标的数据直接可以在国家统计年鉴中获得，而且其含义没有争议，在此不再说明。

结合本研究实际需要，有几项指标需要特别说明。

X_2：城镇单位就业人员平均工资（元）

考虑到本书仅关注我国城镇职工基本养老保险制度，而且2019年制度缴费基数改革已经明确加入城镇私营单位就业人员平均工资，按照加权计算的全口径城镇单位就业人员平均工资来核定社保个人缴费基数的上下限，因此，本书选取城镇单位就业人员平均工资作为工资方面的指标。

X_4：国家财政社会保障和就业支出（%）

在国家统计局公布的年度财政支出大项里面，与养老金制度有关的只有一项，即国家财政社会保障和就业支出，对于我国城镇职工基本养老保险制度的各级财政补贴数据，在制度运行指标中有涉及，所以此处不作细分。

X_6：平均预期寿命（岁）

关于平均预期寿命，一般男性和女性的预期寿命存在差异，本书未作区分，仅以平均预期寿命作为人口结构指标之一进行实证分析。平均预期寿命根据人口普查数据计算，作为一个节点数据，本书使用各年的调查数据进行了数据填充。

X_{10}：在职职工参加城镇职工基本养老保险人数（万人）

因为我国的制度参保人数包括在职职工参保人数和离退休人员参保人数，为体现在职职工参保人数，本书将它单列。

X_{11}：离退休人员参加城镇职工基本养老保险人数（万人）

（参保）离退休人员人数指报告期末参加城镇职工基本养老保险的离休、退休和退职人员人数，此项指标与养老金制度支出密切相关。

X_{12}：城镇职工基本养老保险制度基金累计结余剔除各级财政累计补贴（亿元）

制度的基金累计结余是一项重要指标，经测算，目前我国城镇职工基本养老保险制度的基金累计结余约 5.2 万亿元，各级财政补贴累计已达到 8.4 万亿元，因此，为反映制度的实际结余情况，本书选取基金累计结余剔除各级财政补贴作为制度运行指标之一。在基金累计结余的基础上，将各级财政累计补贴剔除，得出这个数据。

在研究我国城镇职工基本养老保险制度可持续性问题时，我们完全依赖于法律、法规、政策文件、政府网站以及公开出版物等公共资源，仅有少数非公开内部资料。这种研究方法的好处是建立了一种完全透明和可重复的方法，当然这也带来了一些挑战。

总的来说，基于对国内外可持续评估指标体系的比较分析，构建出的本文可持续评估指标体系，既包括制度环境涉及的宏观经济指标和人口结构指标，也包括制度运行本身的参数指标，既涉及反映制度收入的指标，也涵盖反映制度支出的关键指标，覆盖范围较为科学合理，指标之间也进行了比对和去重复性处理，指标异构性较好。需要强调的是，由于本书不涉及不同养老金制度体系比较，所以没有加入反映制度层次或支柱类的指标，比如该体系是单支柱还是多支柱等。同时，考虑到涉及养老金制度未来可持续性预测版本众多，且对隐形债务等的预测数据都有差异，制度环境及其未来也充满不确定性，因此，本书指标只涉及已经发生的实际数据，没有加入涉及未来预测的指标进行实证分析，如未来养老金支出现值的 GDP 占比等。

第五章　基于我国城镇职工基本养老保险制度的指标验证

上一章通过对国内外养老金制度评估指标体系进行比较分析，结合我国城镇职工基本养老保险制度实际，确定了 3 个一级指标共 12 个二级指标，初步形成本研究的指标体系。本章主要通过主成分分析法和层次分析法对指标进行验证，确定各项指标的差异化权重，构建可持续性的评价模型，在此基础上对我国城镇职工基本养老保险制度近 17 年的可持续情况进行计算评估，并对不同研究方法得出的实证结果进行比较分析。

第一节　指标权重确定方法

指标体系确定后的一项重要工作，就是运用科学的研究方法确定每个类别和指标的权重，以反映对其相对重要性。确定指标权重的方法主要有三种：均权法、主成分分析法（PCA）、层次分析法。

一、均权法

均权法一般可以分为两种，叫作中性权重和平等权重，简单来说，一个是赋予维度或者类别相同权重，另一个是赋予每个指标相同的权重。这种方法的优缺点很明显，具体如下：

中性权重：假设所有类别的重要性相同，并在此基础上平均分配权重。这种方法的优点是简单，不涉及主观判断。这种选择的缺点是，它假定所有类别都是同等重要的。

平等权重：分配给每个指标相同的权重，而不是每个类别。与中性权重一样，使用同等权重的好处是消除了主观判断。同样，这种选择的缺点也是，它假定所有的指标都是同等重要的。

二、主成分分析法（PCA）

主成分分析（PCA）的目标是定量地确定一组指标的权重，这些指标用于创建一个复合指数或排名。主成分分析的权重是通过一个数学过程推导出来的，该过程考虑了指标之间的协方差和一个特定元素在最大化指标得分变化中的重要性。它的目的是使变量之间的冗余最小化，并使指数内部的方差最大化，但它没有考虑指标的感知重要性。

PCA 为指数中的每个元素分配一个权重，该权重考虑了指标之间的协方差和特定元素在最大化可持续性变化（方差）中的重要性。它的目的是使变量之间的冗余最小化，并使结果（outcome）的方差最大化。权重是通过取与最高解释方差（特征值）相关的主成分（特征向量）来计算的。

此方法是将数据分解为按信息内容排序的独立组件的一种方法，是对指数加权的自然选择。有效 PCA 的重要假设是：（a）方差是有意义的，而不是具有大的测量误差数据的结果；（b）结果是沿着方差最大的方向。

主成分分析确定的权重，使跨越所有指标的方差最大化，而不论其所属的类别。主要步骤有：同时对所有指标进行 PCA 分析，忽略所属类别；

使用与最高特征值对应的主成分；设置负的成分为零（如果需要正的权重）；将指标权重归一化，使权重之和为 1；将类别权重归一化，使类别间的和为 1；使用非标准化子指标权重的和，并将其作为该类别的指标权重；然后跨指标重新归一化顶级指标权重，使它们的和也为 1。

指标权重内的变化是一种迹象，表明元素中存在冗余，或者在考虑所有其他变量后，某些元素在解释总体指数的变化时不那么相关。在各个指标之间找到相等的权重，表明各个子群体之间几乎没有冗余，而且在解释养老金制度可持续性指数变化方面具有类似的相关性，这表明，该指数被适当地划分为子组。

其中，发展出一种混合主成分分析法，也可以说是对单一主成分分析法的改进。不再是直接对所有指标进行主成分分析，因为数据有误差和局限性，而是先基于有关理论和文献研究，对所有指标进行维度分类，在此基础上分组进行主成分分析，进而得出各个类别和指标的权重。

三、层次分析法

这种方法一般分两步走。第一步是请专家打分，根据专家判断为指标分配权重，并为指标带来真实世界的视角，如果指标要指导政策行动，这一点很重要。权重由养老金制度可持续性指数专家小组确定，他们共同给出每一个类别和指标的相对价值。第二步是运用模糊层次分析法，对专家判断的指标相对重要性意见进行科学化处理，从而计算出每个类别和指标的最终权重。简单来说，确定判断矩阵后，运用数学方法进行层次单排序，计算各指标权重，进行一致性检验，最后确定各个类别和指标的最终权重。

第二节 指标描述性统计

在实证分析前，首先对本书选取的各项指标进行描述性统计，为后文指标权重计算分析做好准备。本章涉及的各项指标描述性统计情况详见表 20。

表 20 可持续性评估指标描述性统计表

指标名称	样本量	最小值	最大值	平均值	标准差
人均 GDP（元）	17	14368	80961	44283	20676
城镇登记失业率（%）	17	3.62	4.30	4.05	0.16
城镇单位就业人员平均工资（元）	17	18220	88711	52222	23193
国家财政社会保障和就业支出（亿元）	17	3698	33788	16421	10127
人口出生率（‰）	17	7.52	12.95	11.52	1.44
老年抚养比（%）	17	10.70	20.80	14.10	3.13
平均预期寿命（岁）	17	72.95	78.25	75.69	1.64
人口自然增长率（‰）	17	0.34	5.89	4.47	1.49
参保人数增长率（%）	17	3.62	10.44	6.56	1.89
在职职工参保人数（万人）	17	13120	34917	23693	6847
离退休人员参保人数（万人）	17	4367	13157	8386	3014
累计结余剔除各级累计补贴（亿元）	17	-31749	9930	401	11501

资料来源：历年国家统计年鉴和社会保险运行报告。

本书首先对使用的数据进行描述性统计分析。可以看出本书使用的样本量为 17，即使用 2005—2021 年的数据进行研究和分析。

一是人均国内生产总值，可以看出其最小值为 14368 元，最大值为 80961 元，平均值为 44283 元，可以看出我国近些年的人均国内生产总值有了极大增长。接着分析标准差，人均国内生产总值的标准差达到 20676 元，说明我国近年来人均国内生产总值的波动率较大。

二是城镇登记失业率。城镇登记失业率最小值为 3.62%，最大值为 4.3%。平均值为 4.05%，可以看出我国的城镇登记失业率一直保持在 4% 左右的水平。城镇登记失业率的标准差为 0.16，标准差较小，说明我国总体失业情况较为稳定，不存在较大的波动。

三是对城镇单位就业人员平均工资（元）进行研究和分析。17 年间，我国城镇单位就业人员平均工资（元）最小值为 18220 元，最大值为 88711 元。平均值为 52222 元，可以看出我国城镇居民人均可支配性工资近年来增长迅速，人民生活水平有了极大的提高。

四是对国家财政社会保障和就业支出这一指标进行研究和分析。可以看出，我国财政对社会保障和就业的倾斜力度是非常大的。最小值为 3698 亿元，最大值为 33788 亿元，平均值为 16421 亿元。

五是人口出生率这一指标，我国人口出生率最低为 7.52‰，最高为 12.95‰，平均值为 11.52‰，整体来看，我国人口出生率变动不大，需要引起注意的是，从 2005 年到 2019 年，人口出生率一直保持在 10% 以上，自 2020 年开始降至 8% 左右。纵观这 17 年的数据，人口出生率的标准差为 1.44‰，可以看出我国人口出生率基本保持在一个相对稳定的水平。

六是老年抚养比，它能代表一个国家的老龄化程度和对于养老行业的需求情况。我国老年人口抚养比波动性较低，但逐年上升，说明近年来我国老年抚养比还有上涨趋势，人口负担进一步加重。

七是平均预期寿命，它可以表现一个国家内老年人的生活水平和人口的生命情况。17 年来平均寿命最低为 72.95 岁，最高为 78.25 岁，平均值为 75.69 岁。可以看出我国平均预期寿命整体来说还是较高的。一方面说明我国的医疗养老行业发展状态良好，另一方面也说明了我国人口老龄化形势严峻。

八是人口自然增长率，人口自然增长率最低为0.34‰，最高为5.89‰，平均值为4.47‰。

九是参加城镇职工基本养老保险制度人数的增长率，它可以代表近年间我国城镇职工基本养老保险制度的人数增长情况和稳定情况。最低为3.62%，最高为10.44%，平均值为6.56%，可以看出我国参加城镇职工基本养老保险制度的人数增长情况并非十分迅猛，波动性为1.89%，整体来看波动情况不大，说明我国参与城镇职工基本养老保险制度的人数较为稳定，稳中有增。

十是在职职工参加城镇职工基本养老保险人数，它代表反映该制度收入方面的指标。该制度参保人数最低为13120万人，最高为34917万人，平均为23693万人，说明我国在职职工参加城镇职工基本养老保险的人数较多。但是我国城镇职工基本养老保险制度参保率近年间变化较大，标准差为6847万人，也证明了这一点。

十一是离退休人员参加城镇职工基本养老保险人数，它代表该制度支出需求方面的指标。最低值为4367万人，最高值为13157万人，平均值为8386万人，说明我国城镇职工基本养老保险制度负担较重，离退休人员对该制度的需求长期处于高位。

十二其实是制度实际结余情况，通过该制度基金累计结余减去各级财政累计补贴计算得出，最低值为-31749亿元，最高值为9930亿元，平均值为401亿元，说明我国城镇职工基本养老保险制度基本处于可结余情况，尽管实际结余数额并不大，但是波动较大，标准差为11501亿元，也正说明了这一点。尤其是2019—2021年，可能是受到疫情影响，一方面，养老保险减免缓政策造成缴费收入减少，另一方面，各级财政加大了补贴力度，因此，基金累计结余剔除各级财政累计补贴从2019年开始出现负数，三年间赤字规模不断扩大。

第三节　主成分实证分析

如前文所述，本节运用SPSS 27版对12个指标进行主成分分析，最终得出各指标的权重，进而计算该制度近17年的可持续得分。

一、PCA检验

对数据进行标准化处理后，作了KMO和Bartlett检验，结果显示，KMO值大于0.6，说明现有指标和数据通过检验，可以采用主成分分析法。

表21　KMO和Bartlett检验表

KMO值		0.785
Bartlett球形检验	近似卡方	556.8
	df	66
	值	0

表22是方差解释率，从结果可以看出，有两项的特征根大于1，这说明现有指标数据存在两个主成分。第一个主成分的方差解释率为76.8%，第二个主成分的方差解释率为13.68%，这两个主成分的累计解释率达到90.48%，说明这两个主成分可以反映或者解释指标九成以上的信息。

表 22　方差解释率

编号	特征根			主成分提取		
	特征根	方差解释率（%）	累计方差解释率（%）	特征根	方差解释率（%）	累计方差解释率（%）
1	9.217	76.806	76.806	9.217	76.806	76.806
2	1.642	13.68	90.486	1.642	13.68	90.486
3	0.585	4.879	95.365	—	—	—
4	0.441	3.673	99.038	—	—	—
5	0.098	0.819	99.857	—	—	—
6	0.009	0.071	99.928	—	—	—
7	0.005	0.042	99.97	—	—	—
8	0.002	0.02	99.99	—	—	—
9	0	0.003	99.994	—	—	—
10	0	0.003	99.997	—	—	—
11	0	0.002	99.999	—	—	—
12	0	0.001	100	—	—	—

从因子载荷系数来看，每个指标的公因子方差均大于 0.4，说明在这个主成分分析的框架下，每个指标都能够很好地被解释、被表达。

表 23　因子载荷系数

名称	载荷系数		共同度（公因子方差）
	主成分 1	主成分 2	
人均国内生产总值（元）	0.982	0.14	0.984
城镇登记失业率（%）	−0.534	−0.569	0.61
城镇单位就业人员平均工资（元）	0.959	0.211	0.964
国家财政社会保障和就业支出（亿元）	0.989	0.095	0.988
人口出生率（‰）	−0.787	0.586	0.963
老年抚养比（%）	0.994	−0.074	0.993
平均预期寿命（岁）	0.962	0.178	0.958
人口自然增长率（‰）	−0.818	0.54	0.961
参加城镇职工基本养老保险人数增长率（%）	−0.691	−0.297	0.566

续表

名称	载荷系数		共同度（公因子方差）
	主成分 1	主成分 2	
在职职工参加城镇职工基本养老保险的人数（万人）	0.963	0.175	0.959
离退休人员参加城镇职工基本养老保险的人数（万人）	0.98	0.159	0.987
基金累计结余剔除各级财政补贴（亿元）	-0.707	0.654	0.928

注：共同度值均大于 0.4，因子有较好的解释性。

二、线性组合系数矩阵

在此基础上，得出如表 24 所示的线性组合系数矩阵。

表 24　线性组合系数矩阵

名称	成分	
	成分 1	成分 2
人均国内生产总值（元）	0.324	0.109
城镇登记失业率（%）	-0.176	-0.444
城镇单位就业人员平均工资（元）	0.316	0.164
国家财政社会保障和就业支出（亿元）	0.326	0.074
人口出生率（‰）	-0.259	0.457
老年抚养比（%）	0.327	-0.057
平均预期寿命（岁）	0.317	0.139
人口自然增长率（‰）	-0.269	0.422
参加城镇职工基本养老保险人数增长率（%）	-0.228	-0.232
在职职工参加城镇职工基本养老保险人数（万人）	0.317	0.137
离退休人员参加城镇职工基本养老保险人数（万人）	0.323	0.124
基金累计结余剔除各级财政累计补贴（亿元）	-0.233	0.51

由表 24 可知，主成分 1=0.324×人均国内生产总值（元）−0.176×城镇登记失业率（%）+0.316×城镇单位就业人员平均工资（元）+0.326×国家财政社会保障和就业支出（%）−0.018×人口出生率（‰）+0.124×老年抚养比（%）+0.121×平均预期寿命（岁）−0.269×人口自然增长率（‰）−0.228×参保人数增长率+0.317×在职职工参保人数（万人）+0.323×离退休人员参保人数（万人）−0.233×累计结余剔除各级财政累计补贴（亿元）。

主成分 2=0.109×人均国内生产总值（元）−0.444×城镇登记失业率（%）+0.164×城镇单位就业人员平均工资（元）+0.074×国家财政社会保障和就业支出（%）+0.457×人口出生率（‰）−0.057×老年抚养比（%）+0.139×平均预期寿命（岁）+0.422×人口自然增长率（‰）−0.232×参保人数增长率+0.137×在职职工参保人数（万人）+0.124×离退休人员参保人数（万人）+0.51×累计结余剔除各级财政累计补贴（亿元）。

三、可持续得分

基于上述线性组合系数矩阵，乘以各自的方差解释率占比，得出每个年份相应的可持续得分，详见表 25。

表 25　城镇职工基本养老保险制度可持续性得分（1）

	成分 1	成分 2	综合得分
2005 年	−0.944869877	0.739424532	−0.690541421
2006 年	−0.802310796	0.755481478	−0.567084163
2007 年	−0.675316053	0.860925339	−0.443343602
2008 年	−0.664714726	0.733837395	−0.453533356
2009 年	−0.537573693	0.722329561	−0.347328302
2010 年	−0.404400305	0.846643761	−0.215492651
2011 年	−0.305659029	0.881087621	−0.126460285

续表

	成分 1	成分 2	综合得分
2012 年	−0.089635591	1.091643793	0.088737596
2013 年	0.089188723	1.216821926	0.259461336
2014 年	0.182364367	1.277458882	0.347723639
2015 年	0.443590753	1.365529687	0.582803532
2016 年	0.434580117	1.417410724	0.582987539
2017 年	0.760820806	1.471077838	0.868069618
2018 年	1.199233274	1.396029667	1.228949529
2019 年	1.428623033	1.368296436	1.419513717
2020 年	1.712262594	0.446622347	1.521150917
2021 年	2.10316129	0.408129032	1.847211419

从图 6 可以看出，我国近年来城镇职工基本养老保险制度的可持续性在不断变化。从 2005 年开始，我国城镇职工基本养老保险制度可持续性得分一直在变化，稳中有升。目前看来，并未出现拐点或下降趋势，近年来我国采取了一些养老金改革举措，在提高基金可持续性方面取得了积极成效。

图 6　城镇职工基本养老保险制度可持续性得分折线图（1）

第四节　层次分析法实证分析

前面已经选取了3类共12个具体指标，通过请专家打分构建判断矩阵，进而得出指标相应权重。主要分以下三步走：首先分析问题，其次运用AHP Khaskia软件来构造判断矩阵并计算权重，最后进行标准化权重运用。

一、指标选取

本书构建的指标体系共分为三层，第一层指标为城镇职工基本养老保险制度可持续性，第二层指标为人口结构、宏观经济、制度运行3个指标，第三层指标为12个详细指标。本书指标构建情况见表26：

表26　本书指标构建情况

<table>
<tr><td rowspan="12">城镇职工基本养老保险制度可持续性</td><td rowspan="4">宏观经济</td><td>人均国内生产总值（元）</td></tr>
<tr><td>城镇单位就业人员平均工资（元）</td></tr>
<tr><td>城镇登记失业率（%）</td></tr>
<tr><td>国家财政社会保障和就业支出（亿元）</td></tr>
<tr><td rowspan="4">人口结构</td><td>人口出生率（‰）</td></tr>
<tr><td>老年抚养比（%）</td></tr>
<tr><td>平均预期寿命（岁）</td></tr>
<tr><td>人口自然增长率（‰）</td></tr>
<tr><td rowspan="4">制度运行</td><td>在职职工参加城镇职工基本养老保险人数（万人）</td></tr>
<tr><td>参加城镇职工基本养老保险人数增长率（%）</td></tr>
<tr><td>离退休人员参加城镇职工基本养老保险人数（万人）</td></tr>
<tr><td>城镇职工基本养老保险制度基金累计结余剔除各级财政累计补贴（亿元）</td></tr>
</table>

二、矩阵构建

第一步，成立专家组，本研究邀请两位高校专门研究养老金制度可持续性的学者和两位养老金有关管理部门的官员组成专家组，他们均从事有关管理工作和学术研究十年以上，有丰富的工作经验和理论积淀。接着，请专家组对各个类别和指标权重进行评价。专家打分总共进行三轮，对同一类别下的指标重要性进行两两比较，通过两次反馈平均得分，使专家打分逐步趋于一致，形成最终的指标分值。

第二步，对专家判断的指标相对重要性意见进行科学化处理，构建判断矩阵，为后面计算每个类别和指标最终权重奠定基础。本书对可持续性和宏观经济、人口结构、制度运行三个一级指标构建了三阶矩阵，对宏观经济、人口结构、制度运行及其下面的四个二级指标分别构建了四阶矩阵，并对他们进行随机一致性检验。

表 27 用于查询矩阵对应的随机一致性 RI 值，用于对判断矩阵进行一致性检验 。

表 27　随机一致性 RI 表

n 阶	3	4	5	6	7	8	9	10	11	12	13	14	15	16
RI 值	0.52	0.89	1.12	1.26	1.36	1.41	1.46	1.49	1.52	1.54	1.56	1.58	1.59	1.5943
n 阶	17	18	19	20	21	22	23	24	25	26	27	28	29	30
RI 值	1.6064	1.6133	1.6207	1.6292	1.6358	1.6403	1.6462	1.6497	1.6556	1.6587	1.6631	1.6670	1.6693	1.6724

表 28　可持续性一致性检验结果

最大特征根	CI 值	RI 值	CR 值	一致性检验结果
3.018	0.009	0.52	0.018	通过

本次的 3 阶判断矩阵 CI 值 = 0.009，RI 值查表为 0.52，得出 CR 值 = 0.018<0.1，表明这个判断矩阵通过了一致性检验，可以进行进一步计算分析。

同理，按以上方法对 3 个一级指标及其下面的二级指标分别进行检验，结果汇总如下：

表 29　宏观经济判断矩阵一致性检验结果

最大特征根	CI 值	RI 值	CR 值	一致性检验结果
4.07	0.023	0.89	0.026	通过

表 30　人口结构判断矩阵一致性检验结果

最大特征根	CI 值	RI 值	CR 值	一致性检验结果
4.09	0.03	0.89	0.034	通过

表 31　制度运行判断矩阵一致性检验结果

最大特征根	CI 值	RI 值	CR 值	一致性检验结果
4	0	0.89	0	通过

由此可见，本书构建的 4 个判断矩阵均通过了一致性检验，可以继续作进一步计算和分析。

三、权重计算

接着计算各指标的综合权重。指标权重计算结果见表 32。

表 32　指标权重结果

单位：%

城镇职工基本养老保险制度可持续性	13.73	宏观经济	0.80	人均国内生产总值（元）
			1.71	城镇单位就业人员平均工资（元）
			4.08	城镇登记失业率（%）
			7.15	国家财政社会保障和就业支出（亿元）

续表

	23.95	人口结构	1.84	人口出生率（‰）
			11.92	老年抚养比（%）
			7.56	平均预期寿命（岁）
			2.63	人口自然增长率（‰）
	62.32	制度运行	7.79	在职职工参加城镇职工基本养老保险人数（万人）
			7.79	参加城镇职工基本养老保险人数增长率（%）
			7.79	离退休人员参加城镇职工基本养老保险人数（万人）
			38.95	城镇职工基本养老保险制度基金累计结余剔除各级财政累计补贴（亿元）

四、可持续得分

最后，计算出 2005—2021 年城镇职工基本养老保险制度可持续性得分。

表 33　城镇职工基本养老保险制度可持续性得分（2）

年份	综合得分
2005	2805.216615
2006	3265.232326
2007	3927.616768
2008	4789.999282
2009	5499.265408
2010	6333.159564
2011	7666.636293
2012	8861.261226
2013	9869.427658
2014	10343.7707
2015	10457.4600
2016	9822.850305
2017	9493.622088
2018	9211.22924
2019	6671.466761

续表

年份	综合得分
2020	362.8853147
2021	−1934.893717

从图 7 可以看出，我国近年来城镇职工基本养老保险制度的可持续性在不断变化。从 2005 年到 2016 年，我国城镇职工基本养老保险制度可持续性得分一直在变化，稳中有升。2017 年以后，可持续得分出现下降，如果一些对可持续性产生消极影响的指标未来继续恶化，那么该制度的可持续状况不容乐观。

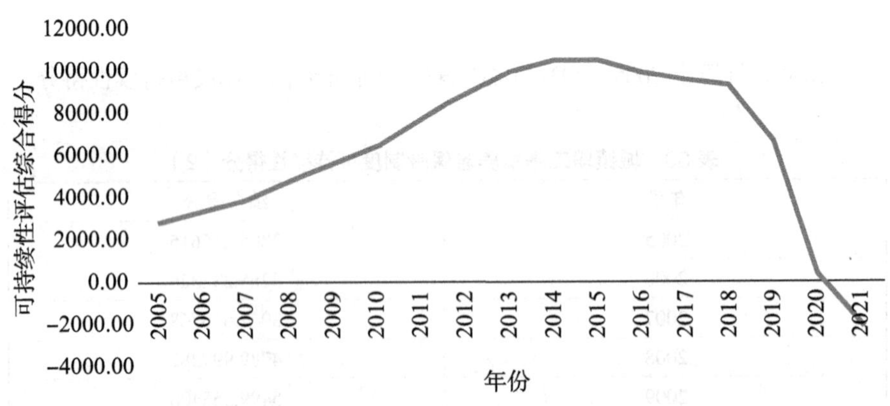

图 7　城镇职工基本养老保险制度可持续性得分折线图（2）

第五节　研究结论

本章主要通过主成分分析法和层次分析法进行实证分析，确定各项指标的差异化权重，形成可持续计算公式，在此基础上对我国城镇职工基本养老保险制度近 17 年的可持续情况进行计算评估，并对不同研究方法得出的实证结果进行比较分析。

具体归纳为以下：

一是在指标权重确定方法方面，主成分分析结果更加客观，层次分析法结果更为主观。尽管这两种方法各有所长，也都有自身的局限性。但结合方法本身特点和实际评估运用结果来看，主成分分析结果比较客观，层次分析法的结果主观性更强，或者说更加依赖专家打分。主成分分析法完全依靠数据本身，不加入人为理论干预，有时会出现分析结果异常现象，如本书主成分分析结果显示，人口出生率和人口自然增长率对可持续性产生消极影响，而老年抚养比和平均预期寿命却是产生积极影响，这有点不符合实际情况。再如，关于制度基金累计结余提出各级财政累计补贴这一指标的权重问题，层次分析法得出的结果约为 38%，说明打分的专家一致认为这个指标对制度可持续影响最大，因此也导致层次分析法的可持续得分出现下降的情况。

二是我国城镇职工基本养老保险制度近 17 年的可持续状况较好。从两个可持续得分折线图来看，主成分分析的结果显示该制度的年度可持续得分稳中有升，这说明目前的制度可持续状况较好，尚未出现下降拐点。由于层次分析法最后一项指标——基金累计结余剔除各级财政累计补贴权重占比过高，近年来这项数据确实表现不好，导致整个可持续得分趋势从 2016 年开始发生变化，开始下降，我们应该清醒客观地看待这个问题。近年来，我国采取了很多养老金制度改革举措，比如实施城镇企业职工基本养老保险全国统筹、划转国有资本充实社保基金等，这些举措都实实在在地提高了制度的可持续性。

三是登记失业率和参保人数增长率对我国城镇职工基本养老保险制度可持续性产生消极影响。从具体指标上来看，主成分分析法得出的结果虽然部分有点表现异常，但也有其合理的地方，除了人口结构对制度可持续性产生消极影响外，还有两点主要发现：登记失业率和参保人数增长率表现出较高的负面影响。因此应该出台相关政策以控制其消极影响，实现更高质量更加充分的就业，积极扩大制度覆盖面的同时更要关注扩面质量，以保证我国城镇职工基本养老保险制度的可持续性。通常认为，参保人数增加迅速是扩大制度覆盖面的积极表现，其实参保人数增加，人数增长率高，带来制度收入的同时，也意味着未来养老金计发负担加重，因此，我们应该理性认识制度参加人数增长率，不能一味追求迅速扩面，应该和相关配套政策一起协调有序推进，要更加注重扩面质量。

第六章　提高养老金可持续性的改革举措

本章总结各国提高养老金可持续性的改革方式，分析未来发展趋势。同时，聚焦我国城镇职工基本养老保险制度，对其近30年的发展脉络和关键节点进行梳理，从制度演变的角度对其可持续性进行分析和展望。

第一节　国际上提高养老金可持续性的改革举措和发展趋势

根据改革方式的不同，国际上养老金制度改革可分为参数式改革（parametric reforms）、结构性改革（systemic reforms）和混合式改革（hybrid reforms）。

一、参数式改革

参数式改革是在保留原有制度框架和筹资方式的基础上，对养老保障制度运行的主要参数、资格条件进行增量调整，例如，调整缴费率、退休年龄、待遇计发和调整公式以及待遇受益资格条件等。许多国家的参数式改革实行不同参数组合的调整。为便于理解，将养老金参数式改革分为缴费端、待遇给付端和受益资格条件调整。

1. 缴费端的参数改革措施

缴费端是养老保障制度收入的主要来源，其改革选项主要包括两个：一是扩大征缴范围和调整缴费基数；二是调整缴费率。扩大征缴范围的关键在于增强制度吸引力，让越来越多的劳动者加入制度。缴费率的变化会对雇主和雇员的当期收入带来影响，超过一定水平的缴费率会给企业和劳动者带来难以承受的额外负担，因此，提高缴费率的空间有限。从劳动者角度，提高缴费率降低了劳动者当期的实际工资收入，影响在职劳动者的当期消费，同样，缴费率的提高会增加企业劳动力成本，从而可能降低企业雇佣的劳动力数量，会对就业产生影响。因此，提高缴费率并不是好的政策改革工具，实践中很多国家难以通过直接提高缴费率达到增加基金收入的目的，多数国家则通过扩大征缴范围和提高缴费工资上限额的方式来增加基金收入。

2. 待遇给付端的参数改革措施

从待遇给付端看，其调整的参数主要集中在养老金待遇计发和指数化调整上。具体的改革选项有：

一是改革养老金待遇计发办法，使得个人账户记账利率、计发月数、养老金增长率等参数设置更符合精算公平原则。同时，改革养老金待遇计发的平均工资收入区间。将养老金待遇计发的平均工资收入区间从最后工资收入或最高年份的工资收入调整为整个职业生涯区间，这有助于抵消不同职业收入差异的影响。这一参数的变化对制度的财务可持续有积极影响，因为考虑了劳动者职业生涯中工资收入较低部分的影响，进而降低了用于计算养老金权益的平均参考工资收入。

二是建立养老金待遇指数化调整机制。要与人口老龄化、经济发展水平、工资、物价等因素变化相适应，既要“量入为出”，又要科学合理。

为确保退休劳动者养老金待遇的充足性，很多国家会对养老金待遇进行指数化调整，以确保养老金待遇实际购买力不下降。调整依据通常为通货膨胀率、工资增长率或二者相结合。为降低养老金支出，部分国家将调整依据从根据工资增长率挂钩调整转为根据消费者价格指数调整。

3. 受益资格条件调整

养老保障制度受益资格条件包括退休年龄的设定、最低缴费年限要求和是否需要家计调查。理论上，退休年龄应随着预期寿命、受教育年限延长和老年劳动者工作能力的提升而提高。无论实行缴费确定型还是待遇确定型养老保障制度，退休年龄均是重要的参数变量。在 DB 制度下，延长退休年龄意味着工作时间的延长和养老金待遇支付期的缩短，提高法定退休年龄可有效改善制度赡养率，而在 DC 制度下，提高退休年龄意味着缴费年限的延长，长缴多得激励功能得到有效发挥，可以提高劳动者退休后的养老金待遇水平。同样，提高最低缴费年限和实行家计调查意味着劳动者获得养老金门槛的提高，从而间接降低公共养老金支出。

总之，参数式改革工具类型多样，有些改革致力于改变养老金的计算公式，部分聚焦于调整缴费率和缴费年限，此外，提高征缴效率和提高统筹层次也是重要的改革措施。多种不同的参数工具形成不同的政策组合，但其改革目标均是完善更加公平和可持续的养老保障制度。

二、结构性改革

结构性改革是对原有的养老金制度体系进行重构，部分或全部替代原有制度，主要包括三种形式：

一是从待遇确定型向缴费确定型转变。较之 DB 计划，DC 计划具有更高透明度、缴费和待遇联系更紧密和更强灵活性的特征，DC 制度可有效控制养老金制度成本，实现个人收入在生命周期内再平衡。

二是从现收现付制向积累制的转变，注重代际公平。此类改革面临巨大的转型成本，改革难度较大，在职劳动者面临双重缴费负担，既要为自己的缴费负责也需要为已退休者的缴费做贡献。此外，完全积累制容易受到金融市场风险的影响，一旦遭遇金融危机，会对个人养老金待遇水平产生重要影响，智利是进行完全结构式改革的典型国家，随后拉丁美洲地区十几个国家和中东欧部分国家也采取了类似改革。

三是引入非缴费型养老金或自愿型养老金等其他支柱。非缴费型养老金制度的建立有助于缓解老年贫困，为低收入群体和没有资格领取正式养老金的劳动者提供最低生活保障。同时，为提升总体替代率水平，不少国家通过立法保障和税收优惠政策支持第二支柱和第三支柱养老金制度的发展，进一步优化养老金体系的内部结构，加快健全多支柱养老金制度体系，将基本养老保险个人账户、职业养老金和个人税收递延型商业养老保险等养老基金资产规模做大做强，加快市场化投资步伐以期获得较高的投资收益，弥补未来养老基金的不足。

三、混合式改革

部分国家养老保障制度改革采取混合式，既有参数式改革，也有结构式改革。混合式改革是在保留非积累制特征的基础上，将养老金待遇计发由待遇确定型转为缴费确定型的折中调整。20 世纪 90 年代末瑞典创设的名义账户制（Notional Defined Contribution）是混合式改革的典型代表，实行现收现付制与完全积累制、待遇确定型与缴费确定型的混合模式，随后，意大利、波兰、吉尔吉斯斯坦、蒙古、拉脱维亚和俄罗斯等国家先后建立起名义账户制。与完全积累个人账户制不同的是，名义账户制下虽然缴费额也记入个人账户，但当期缴费资金用于支付当期退休者的养老金待遇，个人账户仅具有记账功能。名义账户制本质上属于缴费确定型现收现付制，养老金水平取决于个人职业生涯期间的缴费，其主要功能在于保证缴费率长期不变的情况下，确保制度的财务可持续性。名义账户制度的主要特征包括：一是强化终身缴费和待遇的直接关联。个人每多进行一单位的缴费会增加自己的养老金权益，鼓励劳动者多劳多得、长缴多得；二是可避免大规模的转轨成本，减轻政府财政压力；三是保证财务再平衡。由于引入了缴费确定机制，可实现参保者在职期间缴费额和终身待遇领取额的精算平衡，有效实现财务自平衡。

随着婴儿潮出生人口逐渐进入退休期，老年抚养比不断上升，人口老龄化对各国养老保障制度带来不同程度的挑战，各国纷纷探索养老保障制度改革，重点关注两方面：一是财务可持续性问题，制度抚养比的上升会对公共财政和制度基金收支平衡造成压力；二是社会可持续性问题，养老保障制度发挥着社会安全网的重要作用，需要有效发挥减贫功能。实现社会可持续性的目标在于为退休者提供基本生活保障。虽然各国经济发展水平和制度模式存在差异，改革的路径方向不尽相同，但发展趋势仍有相似之处可循。

一是政府充分履行职责，实现多方主体责任共担。政府在养老保障制度的发展中发挥着积极主导作用，政府充分履职主要体现在两方面：一方面是满足老年劳动者的基本生活需求，让其有购买力满足自己的经济保障和服务保障需求；另一方面是提高制度保障和服务供给能力。各国养老保险制度和养老服务体系建设的发展趋势是发挥政府的主导作用，引入企业、家庭、社区和社会力量等多元主体参与，避免政府大包大揽。养老经济保障层面，各国政府应划清政府和市场的边界，政府对收入较低或特殊弱势老年群体提供基础保障，降低老年贫困。对政府主导的基本养老保险制度承担主要责任，当制度收不抵支时政府承担财政兜底责任，为国民提供基本生活保障，而第二、第三支柱更加注重市场机制功能的发挥，通过多元化投资组合、养老产品为劳动者提供多重保障，通过市场化投资提高基金保值增值的能力。

二是建立适应人口老龄化的自动调整机制，合理降低公共养老金待遇水平。20世纪90年代以来，西方发达国家采取“缓慢紧缩”的改革工具逐步降低政府主导的公共养老金制度的替代率水平，有效控制养老金支出。各国采取的方式各不相同，比如，德国通过改变养老保险待遇计发公式使得公共养老金替代率逐年下降到2035年的63%左右。2008年金融危机后，部分国家暂停养老金指数化调整，比如爱尔兰、希腊、匈牙利、意大利、葡萄牙、罗马尼亚和拉脱维亚采取这一改革。部分国家将调整依据从工资增长率调整为消费者价格指数。

进入21世纪，面对缴费率上升受限和待遇水平下降双重困境的约束，部分国家转变传统DB型养老金制度通过提高缴费率以满足支出需要的改革思路，取而代之在制度内设财务自平衡机制，减少政府的政策干预，实现人口老龄化成本在缴费者和退休者之间合理分担，自动对制度运行的财务状况进行有效监测以确保制度财务的稳健。比如，德国第一支柱养老金待遇计算中引入的“可持续因子”、日本2004年公共养老金改革引入的反映制度可偿付能力的“宏观经济指数”、西班牙2013年改革要求建立包含可持续因子的自动平衡机制等，都是将人口老龄化因素反映在养老保险待遇水平上。此外，芬兰和葡萄牙公共养老金制度实现养老金水平与预期寿命自动挂钩，丹麦则规定从2025年起，公共老年养老金（public old-age pension）的法定退休年龄将每5年修订一次，自动适应预期寿命的增加。

三是从单一支柱向多层次、多支柱养老保障制度体系发展。多支柱体系是世界养老金制度改革的重要方向。全球多支柱养老保障制度改革呈现两种路径：一是从强制性收入关联养老金制度逐步扩展到包含自愿型职业养老金和个人养老金在内的三支柱体系；二是从非缴费型养老金制度逐步扩大到包括强制性补充公共养老金计划、职业养老金计划和个人养老金在内的多层次结构。

21 世纪以来，在一系列人口、经济和社会发展变量的影响下，全球公共养老金制度面临着诸多挑战，各国纷纷审视其养老金制度体系。国际货币基金组织、OECD 和世界银行都强调多支柱养老金体系的功能性，其中最著名的是世界银行提出的多支柱模式，在原有现收现付养老保险制度的基础上建立一个新的强制性、与就业相关的预先积累部分、非缴费型养老金和其他非正式制度安排等支柱。受此思潮影响，第二、第三支柱私人养老金计划在各国得到普遍发展。如英美等 OECD 国家普遍通过引入自动加入制度、税收优惠或政府补贴等方式鼓励发展私人养老金，逐步提高第二、第三支柱私人积累型养老金的比重。德国在 2004 年养老金改革中实现从以现收现付制为主的法定养老金制度，开始转向更加完善的覆盖范围全面、多层次的保障体系。

为有效降低老年贫困和增强制度的公平性，不少国家引入或强化非缴费型养老金制度和老年福利制度。20 世纪 90 年代开始，部分国家引入非缴费型养老金制度，比如，1998 年瑞典建立了资金来源于一般税收收入的零支柱保障养老金，智利于 2008 年引入社会团结养老金，为那些没有养老金收入来源的老年人或缴费不足以达到最低养老金水平者提供养老金待遇。截至 2017 年，已有 109 个国家和地区建立了非缴费型养老金制度。部分发展中国家引入来源于政府财政补贴的其他老年福利制度，比如 2011 年秘鲁建立的 65 岁计划和 2012 年墨西哥建立的“65+”计划。各国发展实践表明，单一支柱无法解决所有人的老年收入保障问题，即便是已经建立非常成熟和覆盖率很高的缴费型养老金制度的发达国家，仍需要各种不同形式的其他支柱夯实养老保障制度基础。缴费型养老金制度和非缴费型养老金制度相结合有助于提升制度覆盖范围，满足劳动者多元养老保障需求。

四是养老保障基金管理呈多元化发展。现阶段，全球养老保障制度正在经历自创建以来最重要的变革，养老保障管理呈现多元化发展趋势。首先，欧美发达国家通过构建多支柱养老保障制度，鼓励发展补充养老金计划、实施部分积累制等改革，致力于向市场化方向调整改革，各国政府在基金投资运营和风险管理上发挥着重要作用，逐步提高养老保障基金参与资本市场投资的比重。比如，英国从20世纪80年代注重第二支柱养老保险计划的作用，并逐步放宽基金投资的限制，澳大利亚、荷兰和瑞士等国也加快第二、第三支柱基金积累制的发展，大大增加了基金积累额，美国大力发展401K计划等。其次，拉美、东欧国家私有化改革进程加快，部分国家成立了养老保险基金管理公司，实行竞争性的市场化投资运营，其基金管理强调政府严格控制下的分散管理模式。最后，基金管理的另一种模式是政府集中管理的公积金模式，该模式以新加坡和马来西亚为典型。公积金模式管理的特点是政府主导，基金投资具有促进经济发展和实现社会政策目标的双重功能。政府在不同养老保障基金管理中发挥的作用不同。欧美国家的政府直接管理模式和公积金模式下，政府发挥着主导作用，基金运营管理受政府的干预较大，私营分散化的基金管理方式则是由专门的基金机构按照市场规则运作，政府主要承担监管职责。

五是养老保险基金的监管问题备受重视。目前，世界各国养老保障基金监管模式主要包括严格的数量监管和审慎监管两种。严格的数量监管一般适用于经济体制不够完善、资本市场不够发达、法律制度不够健全的国家，如智利和匈牙利等国，而审慎监管方式则适应于金融体制比较完善、基金管理结构得到一定程度发展的国家，如美国、英国等。

人口老龄化影响下很多国家在养老保障制度体系中逐渐增加DC因素，多层次、多支柱养老保障制度越来越成为新的选择。第二、第三支柱加快发展，养老保障基金市场化投资获得高度重视，很多国家不断完善养老保障基金的监管体系。养老保障基金监管的改革趋势主要着眼于三方面：一是养老金投资组合的多元化，强化风险监管。20世纪90年代中期，美国、加拿大、澳大利亚等国纷纷将风险监管思想引入养老保险基金领域，部分国家逐渐放开投资限制，投资工具逐渐丰富，同时养老保障基金投资国际化趋势明显。因国内金融市场的压力和基金规模的不断扩大，部分欧美发达国家养老保障基金投资海外的步伐加快，积极投资于新兴市场国家，风险监管理念对养老基金市场化投资带来积极影响，不仅可通过多元化资产配置降低投资组合的风险，也增加了基金投资回报的机会。二是健全评估和监管体系，明确各方职责，保持监管者的独立性，以确保监管的效果。健康、规范有序的资本市场和完善的监管体系是确保基金投资收益的重要保障，全球养老金市场比较成熟的美国、英国、瑞士、荷兰、加拿大和日本等都有成熟的监管体系，部分国家还专门成立监管机构对养老保险基金进行监管，如澳大利亚。三是提高监督管理能力，对委托代理机构实行持续监管。

第二节 我国城镇职工基本养老保险制度可持续发展分析

在此，通过对我国城镇职工基本养老保险制度近30年的改革政策重点文件进行梳理，按照“全覆盖、保基本、多层次、可持续”十二字发展方针的逻辑，回顾总结了制度的发展历程并全方位呈现制度近30年来的发展和建设成就。同时，还重点关注了我国城镇职工基本养老保险制度现在和未来的可持续性问题。当前，对于该制度未来的可持续发展状况，有一些比较权威和系统的预测，对这些已有预测结果进行比较分析，深刻把握制度现状和未来发展趋势，有助于未雨绸缪，提前谋划改革并安排有关时间节点。此外，还对党的十八大以来实现制度可持续性的政策进行梳理，并对制度存在不可持续问题的原因进行挖掘分析，旨在对该制度未来的可持续发展状况进行全景式分析。

一、近三十年的制度改革历程

20世纪90年代，世界银行倡导的三支柱模式逐渐成为各国养老金制度体系改革的共同趋势，三支柱模式的最大优势是能较好实现政府、单位和个人三方养老责任共担，促进养老金制度可持续发展。受其影响和启发，我国的养老金制度也展开了轰轰烈烈的改革。经过近三十年的积极探索，我国现已基本形成现收现付与基金积累相结合，政府、企业、个人责任共担的三支柱养老金制度体系，第一支柱是公共养老金制度，包括城镇职工基本养老保险制度和城乡居民基本养老保险两大制度，第二支柱是职业养老金制度，包括企业年金制度和机关事业单位的职业年金制度，第三支柱是个人养老金制度，目前处于试点阶段。

近几年，经济下行压力加大，财政收入增速下降，我国依然坚定不移地保障和改善民生，坚持不懈地推进城镇职工基本养老保险制度和城乡居民基本养老保险两大制度建设，逐步建立起覆盖不同人群、更加公平、更可持续的养老金制度体系。党和政府通过顶层设计，加强制度建设，着力解决地区差异大、制度碎片化问题。比如，推进机关事业单位养老保险制度改革，破除养老保险“双轨制”问题；整合城乡居民基本养老保险制度，解决城乡居民在制度上的公平和公共资源上的共享问题。

截至 2022 年底，我国基本养老保险参保人数已超过 10.5 亿人。其中，参加城镇职工基本养老保险制度人数超过 5 亿人。城镇职工基本养老保险制度基金累计结余 5.6 亿元，领取养老金的退休职工已经达到 1.36 亿人，城镇企业职工养老金水平从 2005 年起实现“十九连增”。城镇职工基本养老保险制度的参保人数稳步增长，制度覆盖面不断扩大，养老金水平稳步上调，基金累计结余可观，这些成就都是在持续推进养老金制度建设过程中取得的。在刚刚过去的几年里，养老金制度建设取得了积极进展。养老保险首次大幅降费，养老保险企业缴费率降至 16%，在疫情期间，还在全国范围内实施了社保费“缓、减、免”政策，大大减轻了企业负担，释放了市场主体活力；企业职工基本养老保险实施了全国统筹，仅 2022 年和 2023 年两年时间，调剂规模达到了 5156 亿元，通过调剂地方余缺有力地支持了困难地区的养老金发放，提高了资金使用效率；中央和地方同时推进国有资本划转，不断充实社保基金，为制度可持续发展提供坚强支撑；个人养老金制度试点结束，即将在全国正式推开，补齐了我国养老保险体系短板，真正建成了多层次、多支柱的养老保险体系。

“全覆盖（2012 年之前是广覆盖）、保基本（2005 年之前是低水平）、多层次、可持续”是中国社会保障事业长期坚持的基本目标和行动方针。城镇职工基本养老保险制度作为中国老年收入保障制度的核心，回顾其三十多年的发展演变，亦大致是沿着此四个基本目标和行动方针而动。

近三十年来，我国城镇职工基本养老保险制度经历了几次重要的改革，不断发展完善。改革时点出台的政策文件至关重要，较为全面地记录了每一次改革的方方面面。为准确把握其近三十年来的改革变迁，首先对五次关键改革时点的政策文件进行归纳整理。

表 34 重要改革时点的政策文件整理

文件名称	主要内容	重要贡献或意义
国发〔1991〕33号国务院关于企业职工养老保险制度改革的决定	共11条，分为核心制度和具体政策两个层面； 1.核心制度包括体系框架、筹资结构、运行模式和管理体制，也成为养老保险的四大支柱。体系框架为多层次架构，采取基本养老保险、企业补充养老保险、职工个人储蓄型养老保险相结合的模式；筹资结构为多渠道，由国家、企业、个人三方共担；运行模式上，建立专项基金，基本养老保险基金按照以支定收、略有结余、留有部分积累原则统一筹集，逐步过渡到省级统筹，确立了统筹互济的基本制度模式；管理体制上，在更大范围内确定了政府主导的养老保险工作管理体制，地方各级政府成立养老保险基金委员会进行指导监督，各级劳动部门负责管理，社会保险管理机构经办具体业务。 2.具体政策包括央地关系、行业关系、基金流程、待遇确定、非基本保险、经办职责，也称为这一时期养老保险的六根大梁	1.改革开放以来，国家层面对企业养老保险第一次作出的重大决策； 2.恢复了被中断的养老保险社会统筹模式，建立起多方筹资机制，构建了政府主导的管理系统； 3.推动了计划经济体制下企业退休养老自我保障向市场经济体制下社会养老保险的模式转变； 4.着重解决了全局性、根本性的制度安排问题

续表

文件名称	主要内容	重要贡献或意义
国　发〔1995〕6号国务院关于深化企业职工养老保险制度改革的通知	文件共11条，在重申党的十四届三中全会统账结合原则的基础上，提出了统账结合的两个实施办法。这两个实施办法有同有异。 共同之处：规定除各类企业及其职工外，将个体工商户和私营企业主纳入参保，扩大了制度覆盖范围；明确了职工个人的缴费上下限（社会平均工资的60%—200%或300%）；都要求建立个人账户，规定缴费满一定年限后可按月领取基本养老金，明确可以继承；都规定在基本养老保险基金或社会统筹基金发生困难时，由同级财政予以支持，比33号文件的规定增加了筹资渠道。 不同之处：账户规模不同，办法一为本人工资16%左右，办法二为随个人缴费而提高；资金来源不同，办法一为个人全部缴费+单位缴费划转，办法二为个人缴费；制度结构不同，办法一是逐步过渡到个人账户为主、统筹基金为辅，办法二是始终维持统筹基金为主、个人账户为辅；计发办法不同，办法一仅为个人账户养老金，办法二为社会性养老金+缴费性养老金+个人账户养老金的结构型模式；公平与效率方面，办法一在兼顾公平的同时更强调自我保障和激励，办法二在加入激励机制的同时，更加注重公平、互济机制和维护原有制度架构的稳定	1. 扩大了覆盖范围，明确“适用城镇各类企业职工和个体劳动者”； 2. 调整为“统账结合”的制度模式，各地陆续开展试点，探索由完全现收现付向部分积累过渡；首次提出“建立基本养老金正常调整机制”，调整依据为当地职工上一年度平均工资增长率的一定比例； 3. 改革了养老金计发办法； 4. 规范经办管理体制，要求“管理社会保险基金一律由社会保险经办机构负责”，原来由商业保险公司经办的集体企业养老保险业务，陆续移交劳动部门的社会保险机构管理

续表

文件名称	主要内容	重要贡献或意义
国发〔1997〕26号关于建立统一的企业职工基本养老保险制度的决定	文件共10条，最核心的内容是将6号文件的两个实施办法合并为统一制度，重点政策为五项： 1. 统一了个人账户规模，统一为职工本人缴费工资的11%； 2. 统一了个人账户结构，规定了个人缴费全部计入个人账户，其余部分从企业缴费中划入，随着个人缴费比例提高，企业划入的部分逐步降至3%； 3. 统一了“新人”待遇结构及方式，缴费年限累计满15年，退休后按月领取基础养老金+个人账户养老金；不满15年，退休后不享受基础养老金待遇，个人账户储存额一次性支付给本人； 4. 统一了“中人”待遇结构及方式，个人缴费和视同缴费年限累计满15年的，在发给基础养老金和个人账户养老金的基础上再确定过渡性养老金； 5. 统一了享受长期待遇的年限条件，规定无论是“新人”还是“中人”，缴费年限都要满15年	1. 实现了制度的“大一统”； 2. 首次规定企业费率一般不得超过20%，个人缴费的终极费率及调整节奏，在全国范围内明确个人账户规模为11%； 3. 实施后，制度覆盖范围进一步扩大，参保人数持续增加，职工个人缴费比例循序提高

续表

文件名称	主要内容	重要贡献或意义
国发〔2005〕38号国务院关于完善企业职工基本养老保险制度的决定	1. 进一步扩大覆盖范围，规定“城镇各类企业职工、个体工商户和灵活就业人员都要参加企业职工基本养老保险”，具有了强制性，提高了制度的可及性； 2. 调整个人账户规模，规定从2006年1月起，个人账户的规模统一由本人缴费工资的11%调整为8%，全部由个人缴费形成，单位缴费不再划入个人账户。还提出“国家制定个人账户基金管理和投资运营办法，实现保值增值”； 3. 改进基本养老金计发办法，基础养老金月标准以当地上年度在岗职工月平均工资和本人指数化月平均缴费工资的平均值为基数，缴费每满1年发给1%。个人账户养老金月标准为个人账户储存额除以计发月数； 4. 建立基本养老金正常调整机制，明确了调整依据是职工工资和物价变动两个因素，调整决定权属于国务院，省级政府提出方案后需要报批，调整幅度为工资增长率的一定比例； 5. 还对加强基本养老保险基金征缴与监管、提高统筹层次和加强省级基金预算管理、发展企业年金、做好退休人员社会化管理服务工作、提高社会保险管理服务水平等提出了明确要求	1. 将地方分散改革归拢在全国一致的政策框架内，真正形成了全国统一的基本制度，为实现养老保险的制度公平奠定了基础； 2. 推动职工基本养老保险制度的逐步定型，此后，从全国层面而言，继续完善职工基本养老保险制度的主要措施是细化政策和优化管理服务，没有再对基本模式和制度架构进行重大调整

续表

文件名称	主要内容	重要贡献或意义
国发〔2015〕2号国务院关于机关事业单位工作人员养老保险制度改革的决定	1. 从2014年10月1日起，将全国机关事业单位工作人员的退休保障制度改革为社会化的养老保险制度，实行社会统筹与个人账户相结合的基本养老保险制度； 2. 资金筹集上，单位和个人共同缴费，单位费率为本单位工资总额的20%，个人费率为本人缴费工资的8%，计入个人账户，每年按国家统一公布的记账利率计算利息，免征利息税，不再分省各自确定个人账户记账利率； 3. 待遇方面，改革养老金计发办法，对“新人”“中人”“老人”的待遇确定办法、待遇调整办法与企业制度相同； 4. 基金管理方面，明确要求机关事业单位基本养老保险基金单独建账，实行严格的预算管理，并建立省级统筹； 5. 转移接续政策，参保人员在同一统筹范围内的机关事业单位之间流动，只转移养老保险关系，不转移基金；跨统筹范围流动或在机关事业单位与企业之间流动，则需随同养老保险关系转移其个人账户储存额，转移额度与企业一样； 6. 还规定了强制性的职业年金制度及其缴费标准、待遇计发等内容； 7. 经办管理，中央国家机关京外单位的基本养老保险实行属地化管理，在京中央国家机关及所属事业单位则由人力资源社会保障部负责管理，同时集中受托管理其职业年金基金	1. 党的十八大以来，这是养老保险领域推出的最大一项改革举措； 2. 实现了两个根本转变，一是根本转变了60年来机关事业单位自我保障本单位退休人员的“雇主责任”模式，实行了社会化的养老保险制度，补齐了各类制度中最后一块“非社会化”制度的短板，使我国基本社会保险制度覆盖全部法定人群成为现实；二是根本转变了自20世纪50年代以来企业劳动保险与机关事业单位退休养老制度分立的格局，按照统账结合的原则建立起同质化的制度，并在制度结构、筹资标准、待遇确定办法和调整机制上实现了完全统一，结束了两类群体养老保险“双轨制”的漫长历史

资料来源：人力资源和社会保障部官网下载文件后，由笔者归纳整理。

通过对重点政策文件的梳理发现，我国城镇职工基本养老保险制度近三十年的发展大致可以划分为三个阶段：20 世纪 90 年代的制度探索建立期、21 世纪之初的制度快速发展期和以 2015 年企业和机关事业单位并轨为发端的制度深化改革期。经过近三十年的改革探索，目前的城镇职工基本养老保险制度主要内容见表 35：

表 35 城镇职工基本养老保险制度主要内容

制度结构	社会统筹	个人账户
制度类型	DB 型现收现付制	DC 型基金积累制
覆盖人群	城镇各类企业职工、个体工商户和灵活就业人员、单位雇员	
参保费率	工资总额的 20%(企业)	工资的 8%(职工)
	12%(自雇者)	8%(自雇者)
退休年龄	男性 60 岁、女性干部 55 岁、女性工人 50 岁	
缴费基数	社会平均工资的 60%—300%	
最低缴费年限	15 年	
养老金待遇计算方法	基础养老金月标准 = 当地上年度在岗职工月平均工资 + 本人指数化月平均缴费工资 *1/2*n*	月均个人账户养老金 = 个人账户积累额分别除以 139、170、195 等不同的计发月数
预期替代率	35%	24.2%

资料来源：李珍 . 社会保障理论（第四版）：209.

党的十八大报告提出“社会保障全民覆盖”新目标，要求“坚持全覆盖、保基本、多层次、可持续方针，以增强公平性、适应流动性、保证可持续性为重点，全面建成覆盖城乡居民的社会保障体系”。2013 年，党的十八届三中全会对全面深化改革作出部署，提出“建立更加公平可持续的社会保障制度”。党的十九大报告提出“全面建成覆盖全民、城乡统筹、权责清晰、保障适度、可持续的多层次社会保障体系”目标。党的二十大报告提出，健全覆盖全民、统筹城乡、公平统一、安全规范、可持续的多层次社会保障体系，首次提出了安全规范的新要求，充分体现了党中央的底线思维和战略眼光。

1. 全覆盖——参保情况

按照社会保障制度的十二字发展方针，“基本实现法定人员全覆盖”是重要使命，没有量变就没有质变，实现制度对规定群体的全面覆盖，提高可及性是增强公平性的前提，或者说是实现公平性的题中之义。2014年5月，人力资源社会保障部制订并组织实施了全国范围的“全民参保等级计划”，这个计划不是一般号召，而是实践性极强的专项行动，要全面开展参保登记工作，通过信息比对、入户调查、数据集中管理和动态更新等措施，建立全面、完整、准确的基础数据库，形成每个人唯一的社保标志，对各类群体参保情况进行摸底、核查和规范管理，从而推进各类群体全面、持续参保。2015年10月底，党的十八届五中全会明确提出“实施全民参保计划，基本实现法定人员全覆盖”，把部门专项行动上升到党和国家决策部署的层面。2017年3月，在总结各地试点经验的基础上，人力资源社会保障部办公厅印发《关于全面实施全民参保登记工作的通知》，吹响了在全国范围内全面推进全民参保计划的号角。党的十九大进一步提出了“全面实施全民参保计划”的部署，使全民参保计划的实施如火如荼。党的二十大报告要求“扩大社会保险覆盖面”，可见，对不断扩大覆盖面的要求贯穿制度改革发展的始终。

全覆盖的度量指标多为参保率。具体到我国城镇职工基本养老保险制度，经过近三十年的制度变迁和改革发展，参保率在20世纪90年代制度建立之初仅为50%，自2021年开始，参加城镇职工基本养老保险的人数已经超过城镇就业人数，即参保率超过100%。可以说，这项制度已经基本实现了法定人群全覆盖。近三十年的参保情况统计见表36：

表 36　城镇职工基本养老保险制度年末参保情况

年份	城镇就业人员（万）	参保合计（万）	职工（万）	离退休人员（万）	参保率（%）	全制度抚养比
1995	19040	10979.0	8737.8	2241.2	57.7	3.899
1996	19922	11116.7	8758.4	2358.3	55.8	3.714
1997	20781	11203.9	8670.9	2533.0	53.9	3.423
1998	21616	11203.1	8475.8	2727.3	51.8	3.108
1999	22412	12485.4	9501.8	2983.6	55.7	3.185
2000	23151	13617.4	10447.5	3169.9	58.8	3.296
2001	24123	14182.5	10801.9	3380.6	58.8	3.195
2002	25159	14736.6	11128.8	3607.8	58.6	3.085
2003	26230	15506.7	11646.5	3860.2	59.1	3.017
2004	27293	16352.9	12250.3	4102.6	59.9	2.986
2005	28389	17487.9	13120.4	4367.5	61.6	3.004
2006	29630	18766.3	14130.9	4635.4	63.3	3.048
2007	30953	20136.9	15183.2	4953.7	65.1	3.065
2008	32103	21891.1	16587.5	5303.6	68.2	3.128
2009	33322	23549.9	17743.0	5806.9	70.7	3.056
2010	34687	25707.3	19402.3	6305.0	74.1	3.077
2011	35914	28391.3	21565.0	6826.2	79.1	3.159
2012	37102	30426.8	22981.1	7445.7	82.0	3.087
2013	38240	32218.4	24177.3	8041.0	84.3	3.007
2014	39310	34124.4	25531.0	8593.4	86.8	2.971
2015	40410	35361.2	26219.2	9141.9	87.5	2.868
2016	41428	37929	27826	10103	91.6	2.754
2017	42462	40294	29268	11026	94.9	2.654
2018	44292	41902	30104	11798	94.6	2.552
2019	45249	43488	31177	12310	96.1	2.533
2020	46271	45621	32859	12762	98.6	2.575
2021	46773	48074	34917	13157	102.7	2.654
2022	45931	50355	36711	13644	109.6	2.691

资料来源：城镇就业人数来源于《中国统计年鉴2023》，参保人数来源于《2021年社会保险运行报告》（非公开资料），2022年数据来自人社部《2022年人力资源和社会保障事业发展统计公报》，参保率和抚养比由笔者计算得到。

从表36可以看出，2005年以前制度参保率一直徘徊在51%—60%，并未出现突破性进展。真正实现参保率快速上升，是在2005年38号文件出台以后，规定城镇各类企业职工、个体工商户和灵活就业人员都要参加企业职工基本养老保险，因此参保率一路飙升。自2021年开始，参保率超过100%，原因主要有两个方面：一方面，全民参保计划稳步推进，制度覆盖面进一步扩大，越来越多的人加入城镇职工基本养老保险；另一方面，受疫情影响，少部分人出现了暂时失业、待业等情况，但只要曾经做过参保登记就会被计入参保人数，即使从未缴费或者中断缴费也不会重新计算，而且一个人可能在两个或两个以上的地区做过参保登记，全国在系统上没有剔除重复参保情况。因此，会出现城镇职工基本养老保险参保人数超过城镇就业人数的情况。

从制度抚养比来看，有两个年份需要引起注意，一个是2004年，另一个是2014年，这两个年份抚养比都跌破3。因为一段时间以来，离退休人员增长速度超过在职人员增长速度，导致到2004年抚养比一路跌到3以下。2005年38号文件出台后，制度扩面效果显著，接下来的十年间，制度抚养比又回到并保持在3以上，直到2014年再次跌破3。当然，说到制度抚养比，纯企业职工、个体身份、机关事业单位三类人群的抚养比情况不尽相同，纯企业职工的抚养比呈现提升趋势，个体身份的抚养比快速滑落，机关事业单位的抚养比也在逐年下降。详见表37。

表37　城镇职工基本养老保险制度参保人员结构

年份	企业职工			个体身份			机关事业单位		
	在职（万）	离退休（万）	抚养比	在职（万）	离退休（万）	抚养比	在职（万）	离退休（万）	抚养比
2006	10094	—	—	2524	—	—	1513	397	3.81
2008	11644	4458	2.50	3439	410	8.40	1504	436	3.45
2010	13613	4915	2.77	4210	897	4.69	1580	493	3.20
2011	15282	5136	2.98	4688	1178	3.98	1595	513	3.11
2012	16273	5400	3.01	5088	1510	3.37	1620	535	3.03
2013	17144	5647	3.04	5421	1837	2.95	1613	556	2.90
2014	18297	5825	3.14	5635	2189	2.57	1599	580	2.76

续表

年份	企业职工			个体身份			机关事业单位		
	在职（万）	离退休（万）	抚养比	在职（万）	离退休（万）	抚养比	在职（万）	离退休（万）	抚养比
2015	18786	5993	3.13	5800	2543	2.28	1632	605	2.70
2016	—	—	—	—	—	—	2587	1080	2.40
2017	—	—	—	—	—	—	3411	1565	2.18
2018	—	—	—	—	—	—	3601	1817	1.98
2019	—	—	—	—	—	—	3669	1914	1.92
2020	—	—	—	—	—	—	3735	1978	1.89
2021	—	—	—	—	—	—	3816	2030	1.88

资料来源：（1）企业和机关事业单位数据来源：《2021 年社会保险运行报告》（非公开资料），其抚养比为作者本人计算得到；（2）个体身份在职人数、离退休人数数据来源：《中国社会保险发展年度报告 2015》，其抚养比为根据相关数据推算得到，2016 年数据待查，之后没有持续公布。《2021 年社会保险运行报告》（非公开资料）显示，2021 年企业基本养老保险的制度抚养比为 2.8：1，近五年基本维持在 2.65—2.80，仍然高于机关事业单位基本养老保险的抚养比。

2. 保基本——替代率水平

在评述我国城镇职工基本养老保险制度时，保基本是一个重要方面，通常透过替代率水平来看。本书以城镇单位在岗职工年平均工资为分母，分别统计了企业部门和机关事业单位的人均月养老金水平和平均替代率。详见表 38。

表 38 城镇职工基本养老保险制度人均待遇情况

年份	城镇单位在岗职工年平均工资（元）	企业部门人均月养老金（元）	企业部门平均替代率（%）	机关事业单位人均月养老金（元）	机关事业单位平均替代率（%）
1995	5500	321	70.13		
1996	6210	366	70.63		
1997	6470	402	74.47		
1998	7479	442	70.93		
1999	8346	481	69.18		
2000	9371	512	65.54		
2001	10870	531	58.63		

续表

年份	城镇单位在岗职工年平均工资（元）	企业部门人均月养老金（元）	企业部门平均替代率（%）	机关事业单位人均月养老金（元）	机关事业单位平均替代率（%）
2002	12422	614	59.28		
2003	14040	644	55.07		
2004	16024	653	48.87		
2005	18364	714	46.64		
2006	21001	815	46.57		
2007	24932	925	44.52		
2008	29229	1100	45.16		
2009	32736	1225	44.90		
2010	37147	1362	44.00		
2011	42452	1511	42.71		
2012	47593	1686	42.51		
2013	52388	1856	42.51	2514	57.59
2014	57361	2050	42.89	2653	55.50
2015	63241	2240	42.50	3207	60.85
2016	68993	2362	41.08	3904	67.90
2017	76121	2490	39.25	4199	66.19
2018	84744	2597	36.77	4794	67.88
2019	93383	2719	34.94	5196	66.77
2020	100512	2850	34.03	5368	64.09
2021	110221	2987	32.52	5576	60.71

资料来源：城镇单位在岗职工平均工资数据来源于《中国统计年鉴2021》，2006—2012年养老金数据为企业退休人员平均基本养老金数据，来源于《社会保险运行报告》2011年及2014年（非公开资料）；2013—2021年企业和机关事业单位的人均养老金数据来源于《社会保险运行报告》2021年（非公开资料）；2005年及之前养老金数据来源于《中国劳动统计年鉴》2006年及之前年份，叫人均退休金（费）。企业部门平均替代率和机关事业单位平均替代率均为作者本人计算得到。

注：按照《2021年社会保险运行报告》数据，企业退休人员的基本养老金替代率为：2013年（66.0%）、2014年（67.5%）、2015年（67.5%）、2016年（65.5%）、2017年（63.6%）、2018年（60.9%）、2019年（60.5%）、2020年（60.6%）、2021年（59.2%）；机关事业单位退休人员的基本养老金替代率为：2013年（92.6%）、2014年（88.2%）、2015年（89.3%）、2016年（86.6%）、2017年（73.1%）、2018年（75.6%）、2019年（78.0%）、2020年（75.9%）、2021年（76.3%），与人均养老金除以社平工资计算结果差异较大。

从表 38 可以看出，企业部门的平均替代率经历了一段时间的下降后，近十多年基本保持在 40% 以上的水平，机关事业单位近几年一直保持在 60% 以上。

3. 可持续——基金收支情况

可持续是养老保险制度的重要目标和工作方针，需要关注制度的收入、支出以及累计结余情况。详见表 39。

表 39　城镇职工基本养老保险制度基金收支情况

单位：亿元

年份	总收入	总支出	累计结余	企业			机关事业单位		
				收入	支出	累计结余	收入	支出	累计结余
1990	179	149	98	179	149	98			
1992	366	322	221	366	322	221			
1994	707	661	305	707	661	305			
1996	1172	1032	579	1172	1032	579			
1998	1459	1512	588	1459	1512	588			
2000	2278	2115	947	2088	1970	761	190	145	186
2002	3171	2843	1608	2784	2503	1244	388	340	365
2004	4258	3502	2975	3728	3031	2499	530	471	476
2006	6310	4897	5489	5633	4287	4869	677	609	620
2008	9740	7390	9931	8800	6508	9241	940	882	690
2010	13420	10555	15365	12218	9410	14547	1201	1145	818
2011	16895	12765	19497	15485	11426	18608	1410	1339	889
2012	20001	15562	23941	18363	14009	22968	1638	1553	973
2013	22680	18470	28269	20849	16741	27192	1831	1729	1077
2014	25310	21755	31800	23305	19847	30626	2004	1907	1174
2015	29341	25813	35345	26613	23141	34115	2728	2672	1230
2016	35058	31854	38580	28693	25865	36970	6365	5989	1610
2017	43310	38052	43885	32930	28541	41385	10380	9510	2499
2018	51168	44645	50901	37392	31501	47761	13775	13144	3140
2019	52919	49228	54623	38102	34655	51221	14817	14573	3402
2020	44376	51301	48317	30180	37612	44402	14195	13689	3915
2021	60455	56481	52574	44487	40683	48475	15967	15798	4098

资料来源：《2021年社会保险运行报告》（非公开资料）（机关事业单位部分仅有1999年及之后的数据）。

从结构上来看，分析我国城镇职工基本养老保险制度的财务可持续性，个人账户是必须要考虑进去的。《中国养老金精算报告2019—2050》数据显示，2018年全国企业职工基本养老保险个人账户记账规模高达7.65万亿元，从个人账户的累计记账规模、空账规模和制度基金累计结余的数据对比来看，差距在逐年拉大，即便把制度基金累计结余全部填进去，仍然填不满个人账户空账规模，而且鸿沟将越来越大。

4. 多层次——企业年金与基本养老保险基本情况比较

目前，我国三支柱养老金体系基本形成。第一支柱是基本养老保险，属于公共养老金制度，包括城镇职工基本养老保险和城乡居民基本养老保险两大制度，第二支柱是职业养老金制度，包括企业年金制度和机关事业单位的职业年金制度，第三支柱是个人养老金制度，目前处于试点阶段，即将向全国推开。

不容忽视，我国的养老金制度体系也面临发展不平衡不充分的问题。以城镇职工养老金体系为例，第一支柱基本养老保险“一支独大”，截至2022年底，基本养老保险参保人数超过10.5亿，基金累计结余约为7万亿元，同时面临充足性有限、可持续性不足等问题；第二支柱职业养老金制度发展滞后，目前，企业年金的参加人数不足城镇企业职工养老保险参保人数的7%，基金累计结余虽然逐年增加，但仍不及第一支柱基本养老保险的一半；第三支柱个人养老金制度刚刚起步，截至2023年底，个人养老金制度参加人数超过5000万人，可以说还是“一棵幼苗”。第二、第三支柱发展缓慢，无疑会给第一支柱基本养老金制度带来巨大压力，诸如此类问题都需要通过顶层设计，持续推进养老金制度建设，才能够得到根本解决。在此，着重对企业年金与城镇企业职工基本养老保险制度的一些要素进行比较，关于个人养老金制度的发展情况，本书第八章会作详细分析，在此不再赘述。

表 40　企业年金与城镇企业职工基本养老保险情况比较

年份	参加人数（万人）及比较			年末基金累计结存（亿元）及比较		
	企业年金	城镇企业职工基本养老保险制度	二者比率（%）	企业年金	城镇企业职工基本养老保险制度	二者比率（%）
2004	703	14679	4.79	493	2499	9.73
2005	924	15716	5.88	680	3507	19.39
2006	964	16857	5.72	910	4869	18.69
2007	929	18234	5.09	1519	6758	22.48
2008	1038	19951	5.20	1911	9241	20.68
2009	1179	21567	5.47	2533	11774	21.51
2010	1335	23634	5.65	2809	14547	19.31
2011	1577	26283	6.00	3570	18608	19.19
2012	1847	28272	6.53	4821	22968	20.99
2013	2056	30049	6.84	6035	27192	22.19
2014	2293	31946	7.18	7689	30626	25.11
2015	2316	33123	6.99	9526	34115	27.92
2016	2325	34264	6.78	11075	36970	29.96
2017	2331	35317	6.60	12880	41385	31.12
2018	2388	36483	6.55	14770	47761	30.92
2019	2547	37905	6.72	17985	51221	35.11
2020	2717	39908	6.81	22496	44402	50.66
2021	2875	42228	6.81	26100	48475	53.84

资料来源：企业年金数据根据历年《劳动和社会保障事业发展统计公报》《人力资源和社会保障事业发展统计公报》《社会保险运行报告》整理；基本养老保险参保人数数据来源同表 36，全制度基金累计结存数据来源同表 39。

通过对“十三五”期间企业年金发展有关数据进行分析，我们发现，截至 2020 年末，全国企业年金积累资金规模 22496.83 亿元，同比增加 4511.5 亿元，增幅 25.1%，较“十二五”期末增加 12971.3 亿元，增幅 136.2%。全国共有 10.5 万个企业建立企业年金计划，同比增加 0.9 万个，增幅 9.4%，较“十二五”期末增加 3.0 万个，增幅 39.5%；参加职工人数

2717.5万人，同比增加169.6万人，增幅6.7%，较“十二五”期末增加401.3万人，增幅17.3%。企业年金自2007年投资运营以来，年均加权平均收益率为7.3%。2020年加权平均收益率为10.31%，较上年增加2.01个百分点，创2008年以来新高，较好实现了基金保值增值目标。

二、现在和未来的可持续性预测分析

对我国城镇职工基本养老保险制度可持续性的预测，通常会涉及三个概念：养老金隐性债务（Implicit Pension Debt，IPD）、转轨成本（Transition Cost，TC）、养老金收支缺口（Financing Gap，FG）。我国城镇职工基本养老保险制度的主体是DB型现收现付制，隐性债务和转轨成本是影响其可持续的主要因素。养老金收支缺口一般按照年度进行测算，加总形成一定时期内的总缺口规模。国内已有的一些研究预测结果如下。

1.郑秉文预测结果

我们知道，精算报告结果是预测基本养老保险财务可持续性的主要手段，是养老保险制度顶层设计的主要依据。养老保险制度涉及人口的跨代际运行，当前的制度或政策离不开对未来形势变化的判断，精算是测算、推演未来制度的一个重要数量工具，是养老保险制度顶层设计的地基，是养老保险领域的基础工程。可以说，我们要加快养老保险制度的顶层设计，科学制定各项政策和改革的时间表、路线图，都离不开精算数据的支撑。2018年，中国社科院世界社保研究中心郑秉文牵头的研究团队，顺应形势要求，推出了《中国养老金精算报告2018—2022》，2019年，该团队在前期研究成果的基础上，继续推出了《中国养老金精算报告2019—2050》，大幅延长了预测期，同时引入了我国“养老金发展指数”。

预测结果显示，2028年会开始出现当期收不抵支。当年收入小于支出，就会出现缺口。这样的话，财政将承压。事实上，现在每年养老金支出里已经有不少财政补贴了，例如2018年城镇职工基本养老保险总收入5.12万亿元，其中财政补贴5355亿元，占总收入的将近10%。

精算对象是城镇企业职工基本养老保险制度，不包括机关事业单位养老保险参保人员。2018年底结束的中央经济工作会议指出，实施更大规模的减税降费。在这种背景下，该研究预设了一个基准方案，给出了三种情景分析。其全国精算结果部分包括一个基准方案和三个情景分析，而分省精算结果部分只有基准方案。

就全国而言，2019—2050年中国城镇企业职工基本养老制度运行状况将面临转折，主要包括如下几方面：一是基准方案下，参保职工人数将在预测期末达到顶点而开始下降，而只有实施延迟退休政策，才能保证预测期内参保职工人数的持续增长；二是基准方案下，离退休人数将呈现持续的增长态势，既没有降低的可能，也没有增速减缓的迹象，即使实施延迟退休，也只能降低增长速度，而不能带来趋势性改变；三是延迟退休政策可以把参保赡养率和缴费赡养率稳定在一个相对比较高的位置，而不再快速增长；四是测算期内基金收入和基金支出都将快速增长，但后者快于前者，导致当期收支缺口很快出现，并且快速恶化，只是在不同的方案下，出现收支缺口的时间不同而已；五是如果不考虑历史所形成的财政补助规则，那么当前结余状况将进一步恶化；六是无论哪种情景下，制度累计结余都将经历快速拉升，翻过顶点，然后加速跳水，最终很快耗尽的过程，只是不同情景下累计结余顶点和耗尽时间点不同而已；七是可支付月数的变化过程与累计结余几乎一样，在企业缴费率越高、实施延迟退休情况下，可支付月数的峰值和归零的年份越晚。

就分省的情况来看，2019—2050年各省份城镇企业职工基本养老制度运行状况两极分化将迅速加剧，甚至是趋势性固化，主要包括如下几方面：一是无论是参保赡养率还是缴费赡养率，各省之间差异十分明显，而且未来10年这种差距将持续扩大，但各省所处的位置相对固定，比如广东、北京、福建和西藏等一些省份赡养率始终低于其他省份，而黑龙江、吉林、辽宁和内蒙古等省份始终面临最为沉重的赡养负担；二是基金累计结余在各省之间的差距更为显著，即使引入了中央调剂制度，减缓了地区之间“苦乐不均”现象，但并不能从根本上改变各省之间的“两极分化”趋势；三是随着时间的推移，如果不考虑东北地区，可支付月数南北差异将超过东西差距，前者体现在南方省份总体上要明显好于北方省份，后者主要体现在变化上，即东部一些省份后期可支付月数恶化速度加快，从而缩小了东西部差距。

2. 李扬预测结果

李扬牵头的中国社会科学院“中国国家资产负债表研究”课题组成立于2011年，侧重研究政府资产负债表，深入剖析中国各级政府债务的源流、现状、特征及发展前景，评估主权债务风险。他们于2012年9月8日发表了一份对国家资产负债表的研究报告，主要成果于2013年发表于《经济研究》第6—7期，并在中国社会科学出版社公开出版《中国国家资产负债表2013——理论、方法与风险评估》一书。课题组的研究成果多次被国际货币基金组织、中国人民银行研究局、国内外一些知名投资银行引用。成果形成过程中，吸收了来自中国人民银行、国家统计局、世界银行、国际货币基金组织的专家及60余位知名学者的意见和建议。

该研究利用一个人口增长和迁移模型对我国2010—2050年人口结构进行预测的基础上，建立养老保险精算评估模型，分析和预测了我国未来的养老金收支状况，以及计算维持现行养老保险体系所需的政府财政补贴金额。测算结果显示，如果按现行养老保险制度继续发展，在未来随着人口老龄化的加速，养老金会出现很大的缺口。如果政府放任缺口扩大并不采取行动，2029年累积结余即消耗殆尽，到2050年职工养老金累积缺口将达到802万亿元，占2050年当年GDP的比例达到91%。如果再加上居民养老保险体系的支出，养老保险偿付压力将更大。

假定未来政府通过财政补贴方式为养老保险体系融资，从而保证养老保险累积结余大于或等于0的话，2010—2050年所有的财政补贴形成的隐性债务折现到2011年，总额将达到62.5万亿元，占2011年GDP的比例达到132%。其中，城镇职工养老保险隐性债务规模46.5万亿元，占GDP比例达到98%，再加上原本就有的各级政府财政补贴，隐性债务规模则达到56.4万亿元，占GDP比例为11%；城乡居民养老保险隐性债务规模6.08万亿元，占GDP比例为13%。到2050年，职工和居民总养老金支出占GDP的比例将达到11.85%，这一水平与当前欧洲一些高福利国家的水平大致相当。同时，还估算了企业职工养老保险的转轨成本，2011年的存转轨成本总额为3.47万亿元，占2011年GDP比例达到7.3%。转轨成本是养老保险隐性负债的一部分，是导致当前养老保险个人账户空账运行的主要原因，但从测算结果来看，转轨成本导致的养老保险潜在债务在总体的隐性负债中只占很小一部分，由于制度转轨导致的隐性债务占总职工养老保险隐性债务的比例为7.5%，而由人口老龄化导致的隐性债务占总职工养老保险隐性债务的比例则为92.5%。因此，未来人口老龄化导致的养老金隐性债务更加让人担忧。

此外，他们还在多种情境下分析了某些政策措施和养老金制度设计对养老保险财务的可持续的影响。发现提高退休年龄和领取居民基础养老金年龄可以起到很好的作用，能够大幅降低养老金缺口程度。同时，提高养老保险的投资收益率也起到一定帮助，但作用相对较小。而维持高的养老保险替代率将明显提高养老保险潜在债务水平。他更偏向提高退休年龄和领取居民基础养老金年龄，提高投资收益率，同时保持高的养老保险替代率的综合改革方案。

3. 马骏预测结果

2011 年，由博源基金会立项支持，德意志银行大中华区首席经济学家马骏牵头，复旦大学、南开大学有关专家参与，成立国家资产负债表研究课题组，历时两年，召开十几次内部研讨会，咨询了几十位国内外官员和专家，最终形成中国国家资产负债表，于 2013 年由社会科学文献出版社公开出版。该预测采用的养老金缺口预测口径，既包括了企业养老金的统筹账户，也包括了机关事业单位的养老金，对未来 38 年的养老金缺口进行预测，并对国际经验和在中国的运用进行了深入的讨论。这是首次由民间估算得较完整的中国国家资产负债表和对相关政策的分析。研究发现，在短期内中国养老金收支压力主要来源于转轨成本；在中长期内，人口老龄化逐渐成为养老金收支缺口的主要因素。在基准情景下，如果不发生任何改革，中国城镇养老金（包括企业养老金统筹账户和机关事业单位养老金）将导致财政的巨大负担，从 2017 年起养老金要求的财政补贴将持续上升，至 2050 年城镇职工养老金所需要的额外财政补贴将达到当年财政支出的 30%，2013—2050 年养老金累计缺口（38 年）的现值将相当于 2011 年 GDP 的 83%。

基于以上研究发现，他提出应该采取包括推迟退休年龄和国有股份划拨在内的改革措施。具体的措施包括：从 2012 年开始逐步将 80% 的国有股份划拨到养老金体系；从 2015 年开始，每隔四年提高企业女性职工退休年龄一岁，从 2023 年起，每隔八年提高企业男性职工退休年龄一岁。上述改革可以基本缓冲城镇企业养老金统筹账户对财政的巨大压力，避免养老金缺口导致的政府债务危机。

4. 曹远征预测结果

2012 年，中国银行首席经济学家曹远征博士牵头的研究队伍，与李扬牵头的中国社会科学院研究团队、德意志银行大中华区首席经济学家马骏博士牵头的研究团队，几乎同时展开了对中国国家资产负债表状况的研究，并先后发表了长篇分析报告。

研究显示，2010 年我国养老金缺口已达到 16.48 万亿元，在目前养老制度不变的情况下往后逐年扩大，2033 年缺口将达到 68.2 万亿元，占当年 GDP 的 38.7%。该报告定义的养老金缺口，是居民领取养老金精算现值与缴纳的养老金精算现值的差。这一定义可能不同于市场理解的养老金支出缺口，报告定义的实际上是，如果保证未来养老无忧，当前社保基金应该达到的规模问题。比如按照曹远征的解释，“如果一个人每个月享受 2000 元养老金，若这是租金收入，那么，他就得有一套 100 平方米的房子，市价 200 万元，而目前的储蓄只有 20 万元，故而资产缺口就是 180 万元。”

以上四个预测结果都是由知名机构的行业专家牵头，组织专业的研究团队开展重大课题研究，形成的全面系统的预测结果。此外，其他专家学者也运用多样化的研究方法，对养老金制度的隐性债务、转制成本、养老金缺口等进行测算，进而对养老金制度的可持续性进行评估。

综上所述，中国城镇职工养老金用不同假设和方法进行预测，基本结论是未来隐性养老金债务会越来越严重。而且，中国是少数尚不能清楚界定转制成本规模和处理方式的国家之一。转制成本如果不进行偿还的话，预计达上万亿元。年度养老金缺口是在不断变化着的，通常用现金流模型来计算养老金缺口，根据对输入变量的不同赋值方法，现金流模型通常被分为三种：确定模型、随机模型和微型模拟模型。在养老金制度年度收支计算上，基于不同精算模型设定和不同人口、经济和政策参数的假设，提出了多种多样的结果，但基本结论是相似的：如果不进行政策调整和系统改革，不可避免地会存在缺口，只是时间早几年晚几年的问题，长期来看缺口一直很大[1]。

三、党的十八大以来实现制度可持续的政策举措

党的十八大以来，以习近平同志为核心的党中央把社会保障体系建设摆在更加突出的位置。从党的十八大报告到党的二十大报告，对社会保障事业“可持续”发展的要求贯穿始终。党的十八大报告明确了推进社会保障制度改革的基本方针“全覆盖、保基本、多层次、可持续”，提出把保证制度可持续性作为三项重点之一；党的十九大报告完整地阐明了我国要建立一个什么样的社保体系，主要任务是“覆盖全民、城乡统筹、权责清晰、保障适度、可持续”；迈向新征程，党的二十大报告进一步明确提出“健全覆盖全民、统筹城乡、公平统一、安全规范、可持续的多层次社会保障体系”。养老金制度的可持续发展不仅是经济社会发展问题，更是政治问题、民生问题。主要举措有：基本养老保险基金投资运营、实施中央调剂金制度和企业职工基本养老保险全国统筹制度、制定全国社会保障基金条例进一步充实社保基金等。

1. 基本养老保险基金投资运营

回顾 1991 年国务院 33 号文件发布 20 多年来的有关养老保险基金投资政策，始终强调“全部购买国家债券和存入专户，严格禁止投入其他金融和经营性事业”；即使对做实个人账户试点的地区，也要求个人账户基金中的中央财政补助部分委托全国社保基金会投资，地方管理的部分仍限于存银行、买国债等狭窄投资领域。实践中，养老保险结存基金往往只能获取微薄的银行利息，“缩水”现象严重，达不到保值增值的目的。到

① Qing Zhao，Haijie Mi. Evaluation on the Sustainability of Urban Public Pension System in China［J］.Sustainability，2019（11）：1418.

2014 年底，全国职工基本养老保险基金结存总量已达 3.18 万亿元，加上城乡居保结存基金，合计 3.56 万亿元，而多年来平均收益率只有不到 2%。对养老保险基金能否长期持续发展，社会表现出担忧，人大代表、政协委员和学术界提出了多种建议，总的倾向是在确保基金安全前提下开辟更多的保值增值渠道。

在党的十八大后研究拟定完善养老保险制度总体方案时，各方面就对这个重大问题进行了深入研究。2015 年，中央作出决策——借鉴全国社会保障基金、企业年金基金投资运营以及广东等地委托社保基金会投资基本养老保险基金的经验，按照市场化、多元化、专业化的原则开展基本养老保险基金投资。8 月 17 日，国务院颁布《基本养老保险基金投资管理办法》(国发〔2015〕48 号)，共 11 章 72 条，详细规定了适用基金范围、法人治理结构、投资范围、基金估值和管理费用、监管措施和法律责任。国务院文件的重大突破在于以下几点。

适用范围。超越原来规定的个人账户做实基金和企业年金基金，首次将企业职工、机关事业单位工作人员和城乡居民基本养老保险基金纳入可以投资的范围，要求各省级地区养老基金结余额预留一定支付费用后，确定具体投资额度，委托给国务院授权的机构进行投资运营。目前，暂委托社保基金会投资。

治理结构。改变原来由行政部门管理养老基金投资的体制，实行市场化方式，由省级政府作为投资委托人，分别与受托机构签订委托投资合同，再由受托机构选择基金托管机构、投资管理机构，签订托管合同和投资管理合同。市场机构按照合同履行各自职责和信息披露、报告义务，人力资源社会保障部、财政部和国家金融监管部门按照各自职责进行监督。

投资领域。超越存银行、买国债的局限，养老基金境内投资包括：银行存款，中央银行票据，同业存单；国债，政策性、开发性银行债券，信用等级在投资级以上的金融债、企业（公司）债、地方政府债券、可转换债（含分离交易可转换债）、短期融资券、中期票据、资产支持证券，债券回购；养老金产品，上市流通的证券投资基金，股票，股权，股指期货，国债期货。此外，还可以通过适当方式参与国家重大工程和重大项目建设投资。

资产配置。分别规定了各大类投资的占比，兼顾基金安全性和流动性。特别是规定“投资股票、股票基金、混合基金、股票型养老金产品的比例，合计不得高于养老基金资产净值的30%”，防范股市风险，也消除了社会上认为养老基金投资就是投资股市的误解。

国务院要求各地将投资运营的养老基金归集到省级社会保障基金财政专户，统一委托投资。各省从2016年起开始归集投资基金，但各地养老基金聚散程度不一，归集进度有快有慢，最早起步的有北京、上海、安徽、河南、湖北、广西、云南、陕西8个省级地区，至2018年底，全国已有17个省份确认委托投资8500多亿元，尽管这只占全国结存基金的一小部分，但此举在基本养老保险基金投资运营方面蹚出了一条新路，展现出保值增值的广阔前景。

2. 实行中央调剂金制度和企业职工基本养老保险全国统筹

提高统筹层次、增强分散风险能力始终是职工养老保险制度改革追寻的重要目标。党的十八大首次鲜明提出“实现基础养老金全国统筹”。党的十九大进一步提出“尽快实现养老保险全国统筹”，反映了此项任务面对人口老龄化高峰期逼近的紧迫性。党的二十大提出要“完善基本养老保险全国统筹制度”，为今后一段时期的工作提供了根本遵循、指明了前进方向。

按照这一部署，国务院确定了“两步走”的策略——首先建立中央调剂制度，并加快完善省级统筹，在此基础上再适时实行全国统筹，2017

年9月，人力资源社会保障部、财政部印发《关于进一步完善企业职工基本养老保险省级统筹的通知》，从六个方面提出规范意见：要求各地在实现“六统一”的基础上，积极创造条件实现全省基本养老保险基金统收统支，对省内仍单独统筹的地区要尽快纳入省级统筹范围；严格执行国家规定的基本养老保险费率，不得自行调整，全省尚未统一费率的至迟在2020年实现统一；执行国家规定的单位和个人缴费基数核定办法，并尽快统一全省缴费基数上下限等参数；要求各地严格执行国家统一的待遇政策，不得自行出台政策或扩大纳入基金支付的待遇范围；完善省级预算制度，加强对基金的统一调度使用，健全省内基金缺口分担机制；统一全省业务经办规程，实现信息系统和数据向省集中。这些措施，实际上是在为实行中央调度及全国统筹夯实基础。至2019年初，在4个直辖市，福建、陕西、青海、西藏4省（区）和新建生产建设兵团已实行基金统收统支的基础上，广东省也制定了省级统收统支的办法，其他19个省（区）将在2019年或2020年施行。从实际情况来看，所有省份均在2020年底实现了省级统筹，自2022年1月1日起开始实施全国统筹。在本章重点介绍中央调剂金制度，关于全国统筹的实施情况，实践篇第七章会作专门论述，在此不再赘述。

2018年5月，国务院印发《关于建立企业职工基本养老保险基金中央调剂制度的通知》(国发〔2018〕18号)，自当年7月1日起实施。建立中央调剂制度的基本原则：一是促进公平，通过实行部分养老保险统一调剂使用，合理均衡地区间基金负担，提高养老保险基金整体抗风险能力；二是明确责任，实行省级政府扩面征缴和确保发放责任制，中央政府通过转移支付和养老保险中央调剂基金（以下简称“中央调剂基金”）进行补助，建立中央与省级政府责任明晰、分级负责的管理体制；三是统一政策，国家统一制定职工基本养老保险政策，逐步统一缴费比例、缴费基数核定办法、待遇计发和调整办法等，最终实现养老保险各项政策全国统一；四是稳步推进，合理确定中央调剂基金筹集比例，平稳起步，逐步提高进一步统一经办规程，建立省级集中的信息系统，不断提高管理和信息化水平。主要政策如下。

中央调剂基金筹集。由各省份养老保险基金上解的资金构成。按照各省份职工平均工资的90%和在职应参保人数作为计算上解额的基数，上解比例从3%起步，逐步提高。考虑到各地在平均工资、参保人数等参数方面的参差状况，具体规定各省份职工平均工资为统计部门提供的城镇非私营单位和私营单位就业人员加权平均工资（首次在全国范围内将私营单位职工平均工资列为基础参数，也是一项不小的突破）；而各省份在职应参保人数暂以在职参保人数和国家统计局公布的企业就业人数二者的平均值为基数核定，将来条件成熟时再以覆盖常住人口的全民参保计划数据为基础确定在职应参保人数。到2019年，中央调剂基金的上解比例按计划调高至3.5%。

中央调剂基金拨付。实行以收定支，当年筹集的资金全部拨付地方。根据人力资源社会保障部、财政部核定的各省份离退休人数，按照全国人均拨付定额，确定中央调剂基金对各省的拨付资金额。这为各地参与中央调剂确定了统一、公平的规则。

中央调剂基金管理。纳入中央级社会保障基金财政专户。实行收支两条线管理，专款专用，不得用于平衡财政预算。中央调剂基金采取先预缴后清算的办法，资金按季度上解下拨，年终统一清算。为解除地方对本地结存基金被“平调”的顾虑，明确各地在实施中央调剂制度之前累计结余基金原则上留存地方，用于本省（区、市）范围内养老保险基金余缺调剂。

中央财政补助。明确现行中央财政补助政策和补助方式保持不变，这给中西部地区吃了一颗“定心丸”；但申明，中央财政补助资金和中央调剂基金拨付后，各省份养老保险基金缺口由地方政府承担，要求省级政府切实承担起确保基本养老金按时足额发放和弥补养老保险基金缺口的主体责任。

为保障中央调剂制度的顺利实施，文件还提出了完善省级统筹制度、强化基金预算管理、建立健全考核奖惩机制、推进信息化建设等措施。

国务院 18 号文件的颁布，标志着我国职工基本养老保险制度在经历了县级、地市级、省级统筹的发展过程后，开始跨入了全国统筹的门槛。2019 年，除了中央财政继续安排对中西部地区和老工业基地养老保险专项转移支付 5285 亿元外，中央调剂基金规模可达 6000 亿元，其中受益省份受益规模将达 1600 亿元。

3. 制定全国社会保障基金条例，充实社会保障基金

全国社会保障基金是国家社会保障的战略储备资金，自 2000 年建立并由中央财政注入第一笔 200 亿元资金后，到 2015 年管理资产总额已达 19 万亿元，其中基金权益资产 1.5 万亿元，但一直是按照有关政策文件运作，没有一个稳定的法规规范。在总结了近 16 年的运行经验后，国务院于 2016 年 3 月颁布《全国社会保障基金条例》(国务院第 667 号令)，自当年 5 月 1 日起施行。《全国社会保障基金条例》共 5 章 30 条，主要规范如下。

基金构成。由中央财政预算拨款、国有资本划转、基金投资收益和以国务院批准的其他方式筹集的资金构成，明确了基金的主要来源。

基金功能。作为国家社会保障储备基金，用于人口老龄化高峰时期的养老保险等社会保障支出的补充、调剂，由国务院确定基金使用方案。

基金规模。由国家根据人口老龄化趋势和经济社会发展状况确定和调整。

管理运营。由财政部、国务院社会保险行政部门负责拟定管理运营办法，报国务院批准后施行。社保基金会按照国务院批准的比例在境内外市场投资运营，可以委托投资或者以国务院批准的其他方式投资。其中委托投资的应选择符合法定条件的专业投资管理机构、专业托管机构分别担任基金投资管理人、托管人。制定基金的资产配置计划、确定重大投资项目，应当进行风险评估，并集体讨论决定。明确了基金管理运营的基本规则。

实施监督。财政部、国务院社会保险行政部门按照各自职责对全国社会保障基金的收支、管理和投资运营情况实施监督；国家金融、外汇管理部门按照各自职责对投资管理人投资、托管人保管全国社会保障基金情况实施监督；审计署每年至少进行一次审计，并向社会公布审计结果。

《全国社会保障基金条例》还规定了法律责任，以及经国务院批准社保基金会受托管理运营的各省社会保险基金的管理规定。《全国社会保障基金条例》的颁布实施，使全国社会保障基金的筹集、管理、投资、监管从此有了法制化的遵循。

紧接着，2017 年 11 月，国务院又发布了《划转部分国有资本充实社保基金实施方案》(以下简称《方案》)。这是落实国家“十三五”规划纲要“划转部分国有资本充实社保基金”的重大举措。《方案》确定的指导思想是：通过划转部分国有资本充实社保基金，使全体人民共享国有企业发展成果，增进民生福祉，促进改革和完善基本养老保险制度，实现代际公平，增强制度的可持续性。《方案》规定了一整套划转政策。

划转范围。除公益类企业、文化企业、政策性和开发性金融机构以及国务院另有规定的外，中央和地方国有及国有控股大中型企业、金融机构全部纳入。

划转方式。中央和地方企业集团已完成公司制改革的，直接划转企业集团股权；未完成公司制改革的，改制后按要求划转企业集团股权；同时探索划转未完成公司制改革的企业集团所属一级子公司股权。

划转比例。目前统一为企业国有股权的10%，基本目标是弥补因实施视同缴费年限政策形成的企业职工基本养老保险制度基金缺口；今后结合养老保险制度改革及可持续发展的要求，再研究是否进一步划转。

承接主体。划转的中央企业国有股权，由国务院委托社保基金会负责集中持有，单独核算。条件成熟时，经批准，社保基金会可组建养老金管理公司，独立运营划转的中央企业国有股权。划转的地方企业国有股权，由各省级政府设立国有独资公司集中持有、管理和运营也可委托本省（区、市）具有国有资本投资运营功能的公司专户管理。

划转步骤。2017年选择国务院国资委监管的中央管理企业3—5家、中央金融机构2家以及部分省份开展试点。2018年及以后，分批划转其他符合条件的中央管理企业、中央行政事业单位所办企业以及中央金融机构的国有股权，尽快完成划转工作；各省级政府负责组织实施本地区地方国有企业的国有股权划转工作。

《方案》还对划转程序、承接主体对国有资本的管理以及相关配套措施作出了具体规定。

“划转部分国有资本充实社保基金”是一个涉及长远和全局的重大决策，不仅为应对老龄化高峰期的挑战拓宽筹资渠道，同时也进一步彰显了国有资本全民共享的本质属性。《方案》中有关“划转的国有股权是基本养老保险基金的重要组成部分”的明确定位，充分体现了这一决策的内在要求。

2019年，财政部、人社部、国务院国资委、税务总局、证监会五部门联合印发《关于全面推开划转部分国有资本充实社保基金工作的通知》，并附有关于划转部分国有资本充实社保基金有关事项的操作办法。按照这一部署，截至2020年末，符合条件的中央企业和中央金融机构划转工作全面完成，共划转93家中央企业和中央金融机构国有资本总额1.68万亿元。截至2022年底，全国社会保障基金权益总额为2.6万亿元，其中，基金权益规模达2.53万亿元，约为2012年的3倍，进一步夯实了养老保险制度可持续发展的物质基础。

四、制度仍然存在不可持续问题的原因分析

综上所述，我国城镇职工基本养老保险制度无论是从现状来看还是从长远来看，可持续性堪忧。究其原因，主要包括以下几个方面。

1. 人口老龄化加速，供需矛盾日益突出[①]

伴随着人口老龄化的不断加深以及人均预期寿命的延长，我国城镇职工基本养老保险的制度赡养率不断增加，这意味着，领取养老金的人数将不断增加，而制度内缴纳养老保险费的成年人却在相对减少，同样数量的劳动年龄人口将要供养更多的老年人口，如果保持现有的制度不变，将面临巨大的负担，带来可持续性差的风险。

2. 结构性矛盾突出，公共养老金制度压力过大

不容忽视，我国的养老金制度体系也面临发展不平衡不充分的问题。以城镇职工基本养老金制度体系为例，第一支柱基本养老保险“一支独大”，第二支柱职业养老金发展滞后，第三支柱个人养老金刚刚起步。也就是说，补充养老金发展缓慢无疑给公共养老金制度带来巨大压力。

3. 制度设计先天不足

（1）“统账结合”制度设计

城镇职工基本养老保险制度领域，在建立统账结合新制度的过程中没

① 董克用. 我国养老金体系的发展历程、现状与改革路径［J］. 养老金融评论，2019（4）.

有解决好转轨成本问题，在社会统筹和个人账户混账管理的背景下，许多地区的个人账户资金被统筹账户透支，形成空账，无法进行实际投资以保值增值。刚刚与城镇企业职工基本养老保险制度并轨的机关事业单位养老保险制度也面临着同样的风险。

（2）缴费基数不实，影响保费收入，领取养老金的条件过宽，加大了制度的支付压力

个人缴费基数是基本养老保险制度的关键参量之一。我国现行的个人缴费基数政策主要问题在于：一是缴费工资核定过程复杂且难度大，因核定不到位导致的少缴和漏缴现象突出；二是以职工平均工资的 60% 作为缴费基数下限加重了低工资收入者的缴费负担，易对其形成制度性挤出；三是以上年度月平均工资作为当期缴费基数的计算周期规定不合理；四是社会保险费的征管流程存在制度性漏洞。实际缴费基数缩水，名义缴费率偏高，都会直接影响保费收入，致使保费征缴不足。在统筹推进基本养老保险全国统筹和税务部门征收社会保险费改革的关键时期，完善个人缴费基数政策应以增强规范性和统一性为重点，应考虑工资结构差异，对企业职工、机关事业单位职工和灵活就业人员分别使用排除法、列举法和定额法来核定应缴费工资；将缴费基数下限降低至各地最低工资标准；将计算周期改为与工资、薪金所得个人所得税保持一致，实现税费同步计算、同征同管。

目前中国领取养老金的基本条件为：最低缴费 15 年并达到退休年龄（男性 60 周岁，女干部 55 周岁，女工人 50 周岁）。从国际经验来看，发达国家全额领取养老金的条件要远远高于中国，最低缴费年限更长，法国、德国分别都超过 40 年，其他一些国家如英国、西班牙、日本等国养老金的最低缴费年限也大都在 20 年，而中国目前规定的领取养老金的最低缴费年限偏低，仅为 15 年。由于目前中国养老金领取条件过宽，在很

大程度上加大了养老金制度的支付压力。

（3）退休年龄偏低导致养老金给付时间长，制度财务负担重

退休年龄偏低导致制度老年赡养率居高不下。由于人口平均寿命越来越高，人口老龄化日益严重，而现行制度内的法定退休年龄却在新中国成立后，几十年未做调整，制度内赡养率必然会越来越高。1998 年以来，我国城镇职工基本养老保险制度赡养率基本维持在 3∶1 的状态，而且，参保离退休人员的增长幅度要快于参保在职职工的增长幅度，这也说明我国人口老龄化在不断深化。由于养老资金的筹集主要依赖参保在职职工，这种现象会使制度收支账面暂有的“基金结余”逐渐被消化，并进一步影响养老金的供求关系，影响养老金的计发能力。同时，需要注意的是，退休年龄偏低，减少基金收入的同时，还会增加财务缺口，导致年轻人负担过重，还会通过对宏观经济的影响，如会提高劳动力成本，使企业减少劳动力需求，导致退休金需求增大，储蓄不足，进而影响国民产出，从而间接影响养老保险收入。可见，退休年龄是影响现行制度收支平衡的一个关键因素，在我国人口预期寿命不断延长的情况下，固守半个世纪的退休年龄政策，已经成为影响养老保险制度收支不平衡的主要因素。它不仅是造成现实财务难以平衡的主要原因之一，也将是未来制度难以为继的重要影响因素。

4. 制度运营跑冒滴漏

（1）承担管理和监督双重责任，有效监督机制缺失

根据《社会保险费征缴暂行条例》规定，“国务院劳动保障行政部门负责全国的社会保险费征缴管理和监督检查工作。县级以上地方各级人民政府劳动保障行政部门负责本行政区域内的社会保险费征缴管理和监督检查工作”。即从中央到地方劳动保障行政部门承担着管理与监督的双重责任，而实践中管理与监督的对象则是隶属于当地劳动保障行政部门的事业

单位——社会保险基金管理中心。在这种“既是运动员又是裁判员”的管理体制下，应有的会计审计、信息披露和风险防范机制难以独立开展，制度运行的各个环节难免存在管理漏洞，如遵缴率不足，存在多拨、冒领养老金现象，挤占挪用情况也时有发生，当然还有制度把关不严，提前退休现象严重等问题。

关于监督机制，目前缺乏实质性监督，“多龙治水”实为无龙治水，容易出现监管不力的现象；法律惩戒执法力度不够，致使违法违规成本太低，违法违规现象层出不穷；此外，社会有效监督机制尚未形成，对于企业欠缴、逃缴、少报工资基数等现象，员工个人没有监督的利益驱动，也不愿“多管闲事”；绅士企业出于生存考虑，员工为了在激烈的市场竞争中保住自己的饭碗，企业和员工合谋现象也不少见，比如企业给员工工资稍高一点，员工就放弃追缴保险的责任。总之，社会监督机制和氛围尚未形成，社会监督出现相对真空。

（2）保值增值能力有限，基金运行效率低

据《中国养老金发展报告》公布利息收入等信息综合分析，基本养老保险基金的投资收益基本维持在 2% 左右，而 2000 年到 2015 年间的年均通货膨胀率约为 2.35%，基金实际上处于贬值状态。相比较而言，全国社会保障基金理事会发布的 2022 年社保基金年度报告显示，社保基金自成立以来的年均投资收益率 7.66%，两者形成强烈反差，表明基本养老保险基金保值增值能力还有较大的发展空间。目前，城镇职工基本养老保险制度已经积累了 5 万多亿元，加快这部分积累资金的投资运营应当是迫在眉睫。

（3）统账结合在实际运行中进行打通管理，存在账务安全隐患

我国城镇职工基本养老保险制度采取的“社会统筹 + 个人账户”的统账结合模式，在实际运作管理过程中，由于制度建立之处未对转制成本作

出相应安排，导致其一直无法消化，不得不动用个人账户资金来弥补社会统筹账户的不足，因此实践中并未按照制度设计之初的设想，将"社会统筹账户"和"个人账户"二者分开，而是混为一谈，这存在道德风险，给现行制度赤字运行埋下了财务安全隐患，同时也使"统账结合"制度模式的可持续性受到质疑。

（4）公共养老金长期统筹层次低，不同地区企业负担不公平

经过多年努力，虽然已经实施了企业职工基本养老保险全国统筹，但过去很长一段时间都处在较低统筹层次。基本养老保险是保障职工基本权益和建立完善的劳动力市场的基础性制度，世界上大多数国家是全国统筹，中央政府主导。但是，由于中国经济体制转型的制约，一直在实现全国统筹的路上，直接造成两大后果。一是不同省份养老金财政状况不同导致企业缴费负担不同，例如，东北地区退休职工多，养老负担重，企业要按照企业工资总额的 20% 缴纳基本养老保险；而广东省退休职工少，养老负担轻，企业的缴费负担为企业工资总额的 14%。这一差距不仅影响了社会资本对东北地区的资本投资热情，现存企业也想方设法离开当地以减轻负担，从而形成了养老金制度的恶性循环。二是养老金转移接续工作量繁杂。当劳动力在不同省份流动时，不仅需要转移养老保险关系，还要转移养老金，其中，个人账户部分还好统计，社会统筹部分的转移就更复杂了，工作量繁重，制度成本巨大。

第七章　企业职工基本养老保险全国统筹实施效果评估

党的二十大提出要“完善基本养老保险全国统筹制度”，这是我国“十四五”期间的重点工作，也是积极应对人口老龄化、改革完善我国养老保险制度的重要举措。实施基本养老保险全国统筹是解决基金结构性矛盾、进一步增加制度公平性的必然选择，是助力构建全国统一大市场、促进人力资源合理流动的有效手段。全国统筹实施以来，仅2022年、2023年两年时间，已完成5156亿元资金调拨工作，有力支持了困难省份的养老金发放。与此同时，各项配套政策设施陆续建成，各省养老保险政策已逐步统一，中央和地方的责任更加明确，经办服务也更加便捷。此时，对企业职工基本养老保险全国统筹制度实施情况进行梳理总结，对其实际运行效果进行评估，及时发现制度运行中存在的突出问题，对进一步完善全国统筹制度提出应对思路和政策建议，这对完善全国统筹理论研究和实践工作都有重要意义。

本章系统梳理了全国统筹政策的内涵演变、历史变迁、发展历程，从全国统筹的实现路径、关键抓手、效果评估等方面进行文献述评。为深入了解企业职工基本养老保险全国统筹进展和地方实际情况，我们选择辽宁、广东、山东、湖北、四川、云南等典型地区开展实地调研，与省市两级人社、财政、税务等有关部门座谈交流。基于文献梳理和实地调研，全面总结全国统筹实施以来取得的阶段性成绩，分析挖掘当前和未来存在的突出问题，为下一步完善全国统筹工作提供解决思路和政策建议。

第一节 全国统筹制度的历史变迁

一、政策内涵演变和改革发展历程

我国企业职工基本养老保险统筹层次提高经历了一个漫长的发展过程。全国统筹是在省级统筹的基础上进行安排和部署的。

从 1991 年国务院颁布《关于企业职工养老保险制度改革的决定》开始，城镇企业职工基本养老保险改革试点在全国范围内逐渐展开，同时规定了制度的统筹水平由县级统筹逐渐向省级统筹过渡的发展目标，这是我国职工基本养老保险省级统筹的开端。此后，一些省份陆续开始推动统筹层次的提高，但各地政策及其实际效果离“六统一”标准还有较大差距。

2010 年，《中华人民共和国社会保险法》颁布并提出“基本养老保险基金逐步实行全国统筹”，为全国统筹提供了强有力的法理依据。随后，虽然每年均有文件提及全国统筹，但始终缺乏明确的行动时间表和路线图。

2013 年 11 月，党的十八届三中全会提出，坚持社会统筹和个人账户相结合的基本养老保险制度，实现基础养老金全国统筹。

2017 年 9 月，人社部、财政部联合发布《关于进一步完善企业职工基本养老保险省级统筹制度的通知》[①]，首次将省级统筹的实质明确为“全

①《关于进一步完善企业职工基本养老保险省级统筹制度的通知》（人社部发〔2017〕72 号）。

省基本养老保险基金统收统支”。10月，党的十九大报告明确提出要“尽快实现养老保险全国统筹”，此后，全国统筹工作加速推进。

2018年，国务院明确了省级统筹改革时间表，规定2020年底前全面建立规范省级统筹制度。同年，中央调剂制度建立，迈出了全国统筹的第一步①。

2019年，党的十九届四中全会进一步提出“适当加强中央在养老保险方面事权、加快建立基本养老保险全国统筹制度”。人社部、财政部、税务总局联合发布《关于规范企业职工基本养老保险省级统筹制度的通知》，明确至2020年底前全国所有省份需完成规范省级统筹或明确规范省级统筹时间表。该文件细化了规范省级统筹制度的内涵，提出了“七统一”的具体要求，即统一养老保险政策、统一基金收支管理、统一基金预算管理、统一责任分担机制、统一集中信息系统、统一经办管理服务、统一激励约束机制②。至此，省级统筹有了明确的概念定义和工作标准。

2020年2月，中央全面深化改革委员会审议通过了全国统筹改革方案，明确提出2022年启动实施全国统筹制度。同年，人社部、财政部联合印发《关于印发规范企业职工基本养老保险省级统筹制度考核验收方案的通知》，明确了考核验收的具体内容和标准，并依此开始对各省份（自治区）分批逐一进行考核验收。截至2020年末，全国所有省份（自治区）已经实现规范省级统筹并通过两部验收。

2020年10月，《中共中央关于制定国民经济和社会发展第十四个五年规划和二〇三五年远景目标的建议》明确指出，“十四五”时期要“实现基本养老保险全国统筹”，为全国统筹启动实施明确了具体时间表。

2021年6月，《人力资源和社会保障事业“十四五”规划》进一步指

---

① 《关于建立企业职工基本养老保险基金中央调剂制度的通知》（国发〔2018〕18号）。

② 《关于规范企业职工基本养老保险省级统筹制度的通知》（人社部发〔2019〕112号）。

出，“在规范省级统筹制度、加大基金中央调剂力度基础上，建立实施企业职工基本养老保险全国统筹制度，适当加强中央在养老保险方面的事权”，为全国统筹启动实施制定了路线图。同年12月9日，国务院办公厅印发《关于企业职工基本养老保险全国统筹制度实施方案的通知》，明确自2022年1月1日起实施企业职工基本养老保险全国统筹制度。12月16日，企业职工基本养老保险全国统筹实施工作电视电话会议召开，对下一步实施全国统筹工作提出了明确要求。

2022年1月1日，企业职工基本养老保险全国统筹制度正式实施，标志着我国养老保险制度进入新的发展阶段。随后，财政部、人社部印发《关于建立地方财政补充企业职工基本养老保险基金投入长效机制有关问题的通知》(财社2022〔2〕号)，国务院办公厅印发《关于省级政府企业职工基本养老保险工作考核办法的通知》，作为推进全国统筹工作的配套政策和重要抓手。同年10月，党的二十大提出要“完善基本养老保险全国统筹制度”，为今后一段时期的工作提供了根本遵循、指明了前进方向。此后，每年财政部、人社部都会印发调剂金缴拨计划和地方财政支出责任的通知，基金安全、经办服务、信息系统建设等一系列配套政策陆续出台。

二、实施全国统筹的必要性和紧迫性

我国养老保险制度从20世纪80年代初自下而上开始改革，从县级统筹起步，统筹层次逐步提高，制度不断完善，运行总体平稳。但由于区域经济发展不平衡、人口抚养比差异等原因，各省份基金收支情况差异比较大，比如黑龙江省面临基金穿底，确保养老金发放压力较大，而同期广东等省份累计结余较多，基金支付能力强。省际之间基金负担不均衡的结构性矛盾突出，需要在全国范围内化解。实现全国统筹，可以促进制度长期、可持续发展。养老保险制度作为一项重要的社会保险制度，遵循社会保险“大数法则”，统筹层次越高，越能最大程度发挥养老保险基金使用效率，增强养老保险制度和管理的公平性、统一性、规范性。从我国国情来看，实施养老保险全国统筹是积极应对人口老龄化、发展多层次多支柱养老保险体系的题中之义，是解决基金结构性矛盾、进一步增加制度公平性的必然选择，也是助力构建全国统一大市场、促进人力资源合理流动的有效手段，更是适应我国主要矛盾变化、构建新发展格局的重要举措。

近年来，我国人口老龄化程度不断加深，养老保险制度抚养比从制度建立之初的 5∶1 下降至 2022 年的 2.69∶1。尽管截至 2022 年末，全国城镇职工基本养老保险基金仍有 56890 亿元的累计结余，但基金地区失衡严重。目前基金结余主要集中在东部沿海地区，而保发放压力较大的东北地区和中西部地区多个省份已“收不抵支”。早在 2016 年，黑龙江省已成为全国首个基金“穿底”的省份。在国际政治经济局势变化和新冠疫情双重冲击之下，国家站在全局角度统一部署的“减免缓”政策客观上也造成了社保费的流失，使各地区养老基金收支情况更加紧张。

当下，进一步完善推进养老保险全国统筹工作具有紧迫性。一方面，面对基金地区日益失衡，养老保险“保发放”正面临严峻挑战，退休人员养老权益受损，在职人员对退休收入保障态度消极，已在一定程度上对社会安定和政府公信力产生不利影响。但另一方面，推动提高统筹层次长期以来一直是城镇职工基本养老保险制度改革面临的难点问题，由于地方利益失衡、委托代理问题、权责不清、条块矛盾等深层次体制性原因，改革推进并非易事，面临很多问题和现实挑战。

第二节　全国统筹研究文献综述

长期以来，学界对提高养老保险统筹层次问题积累了较丰富的成果，本文重点围绕以下几个方面相关问题进行综述：一是全国统筹的发展阶段和实现路径；二是实现全国统筹的关键抓手和关键问题；三是全国统筹的效果评估；四是改革配套政策。由于提高统筹层次属于我国特有的改革问题，国外甚少相关研究。因此，以下主要对国内既有文献进行梳理并简要评述。

一、全国统筹的发展阶段和实现路径

一是激进式路径。部分学者主张一步到位尽快实现基本养老保险全国统筹（郑功成，2021；鲁全，2019）。支持一步到位实现全国统筹的学者认为，养老保险基金统筹层次难以提高的症结在于统账结合模式，因此改革制度模式、强化个人账户是从根本上实现全国统筹的方式。首先是扩大个人账户。将目前社会统筹与个人账户简单相加的统账结合模式改造为“混合型”统账结合模式，将个人缴费和单位缴费全部划入个人账户（郑秉文、孙永勇，2012；郑秉文，2013[a]；房连泉，2019）。其次是引入收入关联型养老金，在待遇计发办法上完全与个人缴费水平和年限挂钩，与当地社会平均工资脱钩（房连泉，2019）。

二是渐进式路径。主张分阶段实现全国统筹，即在不断夯实省级统筹基础、推进全国统筹资金调剂制度的基础上，稳步推进最终实现“统收统支”全国统筹。他们认为，将全国统筹“稀释”为一个“动态过程”，“拉长”实现全国统筹的进程，分阶段逐渐进行“压力测试”，有利于分散财

政风险，夯实基金收入（郑秉文，2022；杨良初，2019；白维军、童星，2011；林毓铭，2013；徐森、米红，2014；齐海鹏等，2016；邓大松、薛慧元，2018；中国财政科学研究院社会发展研究中心课题组等，2019；周宵、刘洋，2019；郭秀云、于丽平，2020）。其具体路线图是在实施中央调剂制度的基础上，建立全国统筹调剂资金，待时机成熟时，全国统筹应进入第二个阶段，实行国家层面的统收统支。这两个阶段下的央地政府支出责任划分程度不同，相应的配套改革措施也不一样（比如信息系统、经办机构垂直管理、账户精算平衡测算、央地支出责任考核等）。

二、实现全国统筹的关键抓手和关键问题

当前在养老保险全国统筹的学术研究中，关于央地事权关系、基金缺口责任分担机制、中央对地方的激励约束等方面的研究最为丰富。

一是央地事权关系。2019 年 10 月召开的党的十九届四中全会明确提出适当加强中央在养老保险方面的事权，减少并规范中央和地方共同事权，界定了全国统筹养老保险的国家公共品属性。基本养老保险是一个典型的中央事权，对此学界也有共识（郑功成，2022；金维刚，2022；朱小玉，2022；董克用，2021；荆永胜，2021；杨燕绥，2021；张立琼，2021；董登新，2020；李珍，2019）。从国际上看，各国养老保险制度一般是国家计划，中央拥有立法权（政策制定权），费率和支付标准一致，基金统一使用并由中央政府特定机构直接管理。

二是关于基金缺口的责任分担问题。国内学界对于基金缺口的责任分担问题大致有三种意见：一是认为基金收支缺口应该由中央财政“兜底”（庞凤喜等，2016；邓大松、薛慧元，2018）。二是认为应该建立统一的责任分担机制，由中央与地方政府共同承担地方基金收支缺口的支付责任。

具体而言，可以通过按比例划拨中央和地方国企资产（刘德浩，2010）、按比例共担个人账户空账责任（卢建平，2014）、“中央保基数，地方补差额”（肖严华、左学金，2015）、共担当期基金缺口（郑功成，2015；齐海鹏等，2016）等方式来实现。三是认为对于“新旧”缺口应该区别对待（郑功成，2008）。目前实行的是央地责任共担机制。

三是中央对地方的激励约束问题。国内学者认为，加强中央对地方的激励约束须在两个方面同时着力。一些学者主张通过法律机制建设确保中央对地方的统一、有效监管，具体包括：建立专项预算制度（郑功成，2008、2010；褚福灵，2013；林毓铭，2013；齐海鹏等，2016）、建立统一的公共服务平台（林毓铭，2013；杨燕绥、黄成凤，2018；邓大松等，2019；褚福灵，2020）以及完善法律法规体系（李建平，2005；邓大松、贺薇，2018）等。另一些学者认为应该设置统一的考核奖惩机制。对于征缴收入良好的省份，赋予其更大的基金使用权利；对于存在基金缺口的省份，设置一定的奖惩机制来防止其依赖性的产生（邹丽丽、顾爱华，2016；邓大松等，2018；白彦锋、王秀园，2018；赵仁杰、范子英，2020）。另外，还有学者建议将基本养老保险全国统筹纳入政府绩效考核体系之中（白维军、童星，2011；邹丽丽、顾爱华，2016；杨燕绥、黄成凤，2018）。

三、全国统筹的效果评估

由于全国统筹实施的时间还不长，对比数据有限，实际运行效果评估的文章也很少。目前对全国统筹制度的效果评估主要集中在财政负担、再分配效应以及人口流动和地区不平衡方面。

一是中央调剂与统收统支下的财政负担。曾益（2021）运用计量模型和精算模型分析发现：第一，如果实现养老保险全国统收统支，在中央政府不采取严格监管措施的情况下，地方政府征收行为将发生变化，养老保险征缴率会下降 16.1 个百分点，虽然 2023 年及以前财政负担比实施中央调剂制度时至少下降 82.34%，但 2024—2050 年财政负担比实施中央调剂制度时将上升 12.12%—184%，累计财政负担提高 21.74%；第二，若进一步提高征缴率，当征缴率每增加 1 个百分点，累计财政负担比实施全国统收统支制度时下降 1.11%。因此，在实施养老保险全国统筹的过程中，国家应重视地方政府征收行为的变化，并尽快制定奖惩机制、提高征缴率，以增强养老保险基金应对老龄化问题的能力。

二是全国统筹的再分配效应。王晓军（2022）采用微观模拟法，对不同类型人群的终身收入和预期寿命进行模拟，使用加权洛伦兹曲线和基尼系数评估基本养老保险的再分配方向和水平，研究认为养老保险基金的全国统筹加大了再分配力度，终身视角下预期寿命更长的省份仍是制度的受益者。杨俊（2022）利用 1998 年到 2015 年各省的数据进行了计量经济学研究，研究发现，实现全国统筹以均衡地区间养老保险的缴费压力将有望调节地区间收入差距，推动实现共同富裕，建议应尽早实现全国“统收统支”的养老保险全国统筹，真正消除因为养老保险分散统筹管理而造成的地区间发展机会的差异，利用全国统筹的政策红利推动养老保险制度高质量、可持续的发展。

三是全国统筹、人口流动与地区不平衡。周心怡（2021）撰文探讨在我国大规模人口跨地区迁移的背景下，基本养老保险全国统筹改革政策如何通过影响人口流动进而影响地区间不平衡。文章构建了两期异质性行为人世代交叠模型进行数值模拟，结果显示，只有当中央政府合理调整中央调剂金政策，推进全国统筹改革，同时各省级政府配合以相应的地方政策措施，逐步统一并适当降低缴费率，加大征缴力度，才有利于通过影响跨区域人口流动来缩小地区间的收入不平等差距和基本养老保险基金收支余缺的差距，从而改善地区间不平衡的现状。她提出，调剂金制度的本质是用基金富余地区的收入来补贴收不抵支地区的亏空，可能造成亏空地区对中央转移支付的高度依赖。虽然调剂金制度暂时缓解了部分经济相对落后地区的燃眉之急，但可能导致该地区居民缺乏劳动的意愿，当地经济发展缺乏人力资本。这些地区只有通过调整优化产业结构，从自身优势领域入手发掘新的经济增长点，吸引人才回流，才能从根本上改变现状。

四、全国统筹改革配套政策

一是统一养老保险政策。对于全国统筹是否需要统一保险政策，学界存在不同意见。一种观点认为应该实行全国统一的保险政策（郑功成，2015；庞凤喜等，2016；林宝，2016）。另有一种观点认为，应该采取“中央基础养老金 + 地方附加基础养老金”的计发办法（刘伟兵等，2018；邓大松、薛慧元，2018）。还有一种观点认为，可以分区域（丛春霞等，2016）或者分人群（肖严华、左学金，2015）制定不同的保险政策。

二是经办管理服务垂直管理。大部分国内学者认同基本养老保险经办服务机构实行垂直管理（郑功成，2008、2010；白维军、童星，2011；郑秉文，2013[b]；邓大松、薛慧元，2018；褚福灵，2020）。垂直管理经办体制是养老保险基金统收统支的组织基础，实现全国统筹必须首先实行经办机构垂直管理（郑功成，2008、2010）。在省级统筹过程中，已有相当一部分省份探索基本养老保险经办垂直管理模式，这些经验可以为全国统筹提供有力参考（褚福灵，2020）。

三是集中统一信息系统。国内学者建议进一步加强全国统一的社保信息系统，完善升级“金保工程”，进一步发挥“金保工程”的核心作用

（林毓铭，2013；褚福灵，2020），依托数据库建立统一的公共服务平台和制定统一的养老保险信息标准体系（杨燕绥、黄成凤，2018；郑功成，2020）。

第三节　全国统筹实施现状和改革成绩

对照《企业职工基本养老保险全国统筹制度实施方案》，从统一养老保险政策、统一基金收支管理制度、落实地方财政支出责任、经办服务和信息系统建设等四个方面，梳理全国统筹制度实施现状和主要成绩。

一、统一养老保险政策方面

全国统筹实施后，由中央统一制定养老保险缴费和待遇政策，各地不得自行出台或调整相关政策。从调研情况来看，除个别省份外，养老保险政策已基本实现全国统一。

1. 个别省份的缴费比例尚未统一

国家要求从 2022 年 1 月 1 日起按全国统一缴费比例执行，即参保用人单位（含有雇工的个体工商户等）按 16% 缴纳，职工（含个体工商户雇工）按 8% 缴纳，无雇工的个体工商户、未在用人单位参保的非全日制从业人员和其他灵活就业人员（以下统称个人参保人员）按照 20% 缴纳。目前，除广东、浙江两省外，其余地方均已实现统一。广东、浙江两省的单位缴费比例仍按照 14% 执行。

2. 少数省份的缴费基数上下限尚未规范到位

国家要求统一以本省份上年全口径城镇单位就业人员平均工资的 60%

和 300% 分别作为本省份个人缴费基数下限和上限；参保用人单位缴费基数按照本单位职工个人缴费基数之和确定，原则上 2024 年底前规范到位。目前，大多数省份的缴费基数上下限均已统一，只有广东、浙江、湖北、福建四省尚未规范到位，主要表现在缴费基数下限没有统一到本省上年度全口径城镇单位就业人员平均工资的 60%。

一是广东：自 2017 年实施省级统筹改革开始，采取分四类片区设置缴费基数下限的做法（第一类片区为省直、广州和深圳，第二类片区为珠海、佛山、东莞、中山，第三类片区为汕头、惠州、江门、肇庆，第四类片区为其他地市），具体标准按照所在片区上年度全口径城镇单位就业人员平均工资的 60% 执行，所在片区平均工资高于全省平均工资的，按全省平均工资的 60% 执行。据了解，深圳市长期按照当地最低工资确定缴费基数下限，2024 年密集上调，1 月 1 日起由 2360 元调到 3523 元，约占全省社平工资的 40%，同时，深圳市人社、财政、税务已联合发文，明确自 2024 年 7 月 1 日起，再度上调缴费基数下限，统一按广东省同时期缴费基数最低标准执行，即第四类片区全口径城镇单位就业人员月平均工资的 60%，约为 4190 元，相当于全省社平工资的 49%，照此步骤预计将于 2026 年 7 月完全过渡到位。

二是湖北：缴费基数上下限目前分为三档：第 1 档为武汉市和省直，第 2 档为黄石市、十堰市、襄阳市、宜昌市、荆门市、随州市、恩施州，第 3 档为荆州市、鄂州市、孝感市、黄冈市、咸宁市、仙桃市、天门市、潜江市、神农架林区。第 1 档属于汉内地区，已于 2022 年完成向全省上年度全口径城镇单位就业人员平均工资过渡，处在第 2 档和第 3 档的汉外市州仍在过渡期内。从 2023 年度缴费基数标准及个人缴费基数上下限来看，第 1 档的缴费基数月标准为 7040 元（同 2022 年全口径城镇单位就业人员平均工资），上下限分别为 21120 元、4224 元；第 2 档的缴费基数月标准为 6500 元，上下限分别为 19500 元、3800 元；第 3 档的缴费基数月标准为 6300 元，上下限分别为 18900 元、3675 元。

三是浙江：考虑到疫情影响，2022 年继续按照 2020 年全口径城镇单位就业人员平均工资设定缴费基数标准，2023 年沿用 2021 年全口径城镇单位就业人员平均工资，与上一年度 2022 年全口径城镇单位就业人员平均工资存在差距，没有过渡到位。

四是福建：在全国统筹实施前一直按照当地最低工资水平设定养老保险缴费基数标准，依据是《福建省城镇企业职工基本养老保险条例》。从 2022 年开始按照 5 年过渡到全口径城镇单位就业人员平均工资的节奏，逐年上调养老保险缴费基数下限。从实际调整情况来看，2022 年下限为 2075 元，约相当于社平工资的 31%；2023 年下限为 2575 元，约相当于社平工资的 37%，2024 年下限为 3300 元，约相当于社平工资的 45%，预计 2026 年全部过渡到位。

虽然尚未实现统一的省份都有其历史和现实的种种原因，但是未来随着全国统筹不断走向深入，建议充分考虑地区间平衡和制度公平，请尚未统一缴费政策的省份制订过渡计划，拿出时间表和路线图，蹄疾步稳地走向全国统一。

3. 计发基数过渡总体平稳

国家要求各省份执行全国统一基本养老金计发办法，按照本省份单位就业人员平均工资确定基本养老金计发基数，采取措施按国家规定过渡到位。从调研六省的情况来看，基本还处在过渡阶段，过渡节奏比较平稳，预计将于 2024 年至 2028 年陆续完成过渡，略超出国家规定的五年过渡时限。

表 41　六省计发基数过渡情况

地区	计发基数现状	预计完成过渡时间
辽宁	2023 年，企业职工基本养老金计发基数分三种情况：全省（不含沈阳、大连）基本养老金计发基数为 6987 元 / 月；沈阳市基本养老金计发基数为 8141 元 / 月；大连市基本养老金计发基数为 8690 元 / 月。按照 2023 年计发基数确定办法，全省（不含沈阳、大连）基本养老金计发基数过渡期为 1 年，2024 年过渡完成；沈阳市基本养老金计发基数过渡期为 3 年，2026 年过渡完成；大连市基本养老金计发基数过渡期为 4 年，2027 年过渡完成	2027 年
广东	2023 年计发基数为 9028 元（上年全省全口径城镇单位就业人员平均工资为 8807 元），预计全省在 2024 年或 2025 年有望完成过渡。深圳市企业养老保险的计发基数口径与省不一致，其过渡方案另行制定。2023 年，深圳市企业退休人员计发基数为 11010 元 / 月	2024 年或 2025 年（深圳除外）
山东	待遇计发基数分三种情况，从 2023 年的基本养老金月计发基数来看，菏泽市已过渡到位（山东省全口径工资是 7069 元），省本级省直管企业的计发基数为 7680 元，除菏泽和省本级外的 15 市按照全省计发基数水平 7468 元执行	2025 年
湖北	每个市州一个计发基数，省直与武汉市使用同一计发基数。过渡归并的考虑：汉内地区采取控制增幅法，由“高”向“低”过渡；汉外地区采取全省社平和本地平均工资的勾兑法，由“低”向“高”过渡。截至调研时间，2023 年的计发基数方案还没确定	—
四川	2023 年度计发基数 8079 元 / 月。2022 年度全省全口径城镇单位就业人员平均工资为 6785 元 / 月	2028 年
云南	2023 年计发基数为 8023 元 / 月，2022 年度全省全口径城镇单位就业人员平均工资为 6906 元 / 月	—

资料来源：笔者根据调研资料整理。

4. 待遇项目逐步清理规范

国家要求在国家统一的养老保险待遇项目清单内支出全部由基金支付，清单外支出原则上由地方政府承担。对 2021 年底前已办理退休的人员，清单外待遇项目继续按照现行标准支付，所需资金根据分类处理、逐步到位的原则，由基金或地方一般公共预算承担。对 2022 年 1 月 1 日之后办理退休的人员，清单外待遇项目全部由地方一般公共预算支付。调研了解到，待遇项目清理力度大、效果明显，六省中辽宁保留 4 项，山东保留 1 项，四川保留 9 项，云南没有清单外项目。建议国家尽早出台待遇项目方案清单予以进一步统一规范，届时宜酌情考虑历史因素和各地实际，避免采取“一刀切”的方式，特别是对一些历史沿革较长、牵扯面较广、涉及金额较大的地方性待遇项目要慎重处理。

表 42　部分省份待遇项目清理情况

地区	待遇项目清理情况
辽宁	2020 年，在规范省级统筹制度前，辽宁省率先开展待遇项目清理规范工作，被清理的待遇均不列入省级统筹基金支付。2022 年实施全国统筹后，辽宁省再次对待遇项目进行梳理，仍保留的清单外待遇项目共 4 项，分别为冬季取暖补贴、秋菜补贴、大连市劳模高工补贴、计划生育补贴，2022 年新退休人员仅需 116.5 万元。由于国家尚未批复各省待遇项目实施方案，目前所需资金仍从基金列支
广东	全省统一保留的清单外项目共 3 项，分别为深圳市补充养老保险、深圳市退休人员医疗保险费、汕头市海岛补贴。另外，历史上广东省的过渡性养老金计发办法与其他省份不一样，计发标准低于其他省份。2021 年 9 月，广东省开展过渡性养老金计发办法改革，由“视同缴费账户法”调整为“系数法”，正在向全国统一办法并轨过渡
山东	目前全省统一保留的待遇项目仅有 1 项，即取暖补贴，按照国家规定，2021 年底前退休人员由财政和基金共同负担，2022 年后退休人员全部由地方财政负担。取暖补贴每人每年 1700 元，2022 年 1 月以前退休的十年过渡完后基金仍承担 50%，财政从 5% 一直过渡到 50%。个别市保留地方补贴、个别人员的固定项目，全部由地方财政负担
湖北	在推动机关事业单位养老保险原有试点、乡镇综合配套改革等历史改革探索的养老保险制度，同企业职工养老保险制度衔接中，为确保平稳，对相应人员进行了补差处理，这部分待遇未纳入全国统筹清单内支付项目

续表

地区	待遇项目清理情况
四川	四川省现行待遇项目可能纳入国家待遇项目清单外的主要为劳动模范、独生子女父母等9项增发待遇项目。上述项目均系延续国家原有退休费政策而设。其中，劳动模范、高海拔地区、高级专家等增发项目均是20世纪70年代末80年代初开始执行，至今已实施40多年；独生子女父母增发项目是为贯彻落实党中央、国务院计划生育工作相关要求，鼓励支持这类群体遵守执行国家计划生育政策而出台的，目前涉及人数较多，仅2021年新退休人员中就有23.55万人
云南	统筹内待遇项目有基本养老金、遗属待遇、企业离休干部和中华人民共和国成立前老工人按照国家和地方政策执行的各项待遇3大类，其中，基本养老金待遇项目18项，遗属待遇项目3项，企业离休干部和中华人民共和国成立前老工人按照国家和地方政策执行待遇项目33项，无病残津贴项目，全部由基金支付。没有清单外项目（不含代发项目），各代发项目资金来源均为财政部门资金保障

资料来源：笔者通过实地调研获得并整理。

5. 待遇调整已经实现全国统一

国家要求各地按照统一部署和基本养老金合理调整机制要求，确定待遇调整比例和水平。各地不得自行调整计发办法、提高待遇调整比例、扩大待遇调整范围，违反规定增加的支出由地方一般公共预算承担。从调研六省的情况来看，待遇调整方面已经完全做到统一规范，均能够严格落实国家统一部署和要求，实行企业和机关事业单位统一同步，采取定额调整、挂钩调整、适当倾斜“三结合”的办法，对退休人员基本养老金进行年度调整。

二、统一基金收支管理制度方面

1. 基金征缴统一规范

“统模式”改革进展顺利，调研六省基本实现参保用人单位和个人参保人员自行向税务部门申报缴纳社会保险费（国家要求从2022年起用3

年时间实现）。全民参保计划稳步推进，养老保险覆盖面进一步扩大，特别是通过数据共享、信息比对等方式精准施策，农民工等重点群体参保扩面效果显著。江苏等地出台了补缴政策，对追溯期、滞纳金等进一步予以明确，积极探索解决历史欠费补缴问题。从调研六省情况来看，征缴收入和基金收入稳中有升，虽然受疫情和经济下行影响，加之全国统筹实施时间还不长，基金收支情况改善还不明显，但基金征缴工作事关制度的健康可持续发展，只要常抓不懈，必有效果呈现。

一是征收模式基本统一。从调研六省的情况来看，辽宁、广东、四川、云南已经实现参保用人单位和个人参保人员自行向税务部门申报缴纳社会保险费。山东省城乡居民、灵活就业人员已实现向税务部门自行申报缴纳社会保险费，目前正在按步骤推进用人单位自行向税务部门申报缴纳社会保险费工作。湖北的“统模式”改革正在稳步有序推进，预计2024年底完成过渡。

二是参保扩面成效显著。参保缴费人数稳步增长，详见表43。同时，参保结构也进一步优化，比如，2023年，山东省29.2万人由缴纳居民养老保险转为缴纳更高保障水平的职工养老保险，参加职工养老保险的人数占参加基本养老保险的比例由41.8%提高到42.5%。

表43　部分省份参保缴费情况

单位：人数为万人，比率为%

地区	在职参保人数	个人身份参保人数及占比	在职缴费人数及参保缴费率	个人身份参保缴费人数及参保缴费率	较上年末新增在职参保人数
广东	4267	407/9.53	4009/93.4	386/94.8	73
山东	2263	659/22.0	1743/77.1	313/47.5	24
湖北	1234	—	1009/82.0	—	49
四川	2167	621/28.7	1301/60.0	233/37.6	83

续表

地区	在职参保人数	个人身份参保人数及占比	在职缴费人数及参保缴费率	个人身份参保缴费人数及参保缴费率	较上年末新增在职参保人数
云南	549	163/29.7	383/69.8	87/53.4	67

资料来源：笔者根据调研资料整理。

三是基金收支有所改善。从调研六省的情况来看，全国统筹实施以来，当期基金收入均有不同程度的提升，征缴收入及其在基金收入中的占比也有一定提升，这与积极进行征缴扩面工作密切相关。受人口老龄化等因素影响，退休人数逐年增加，各省当期基金支出也相应增加。调研发现，六省的“两率”基本处在70%或80%左右的水平，随着制度覆盖面不断扩大，扩面空间渐渐收窄，灵活就业人员在参保人数中的占比越来越高，加上灵活就业人员中断缴费、按下限缴费等现象非常普遍，未来达到国家要求的90%之目标有一定困难。

2. 资金调剂运行高效

中央通过建立全国统筹调剂资金，对地区间基金当期余缺进行调剂。具体做法是：根据国家统一政策、各地收支管理工作努力程度等因素，核定各省份基金收支余缺。从基金当期有结余省份的当期结余中按一定比例筹集，形成全国统筹调剂资金，筹集比例原则上根据全国统筹调剂资金应拨付总额与各结余省份当期结余总额的比例确定。全国统筹调剂资金拨付额，对有累计结余的当期缺口省份按照当期缺口额的80%确定，对没有累计结余的按照当期缺口额的90%确定。全国统筹实施以来，2022年调拨资金2440亿元，2023年调拨资金2716亿元，有力支持了困难省份的养老金发放。

从2022年调拨情况来看，有18个贡献省份、14个受益省份，其中广东省上解1158亿元，占总调剂金额的47.5%，系最大贡献省份；下拨给辽宁 844 亿元，占总调剂金额的 34.6%，系最大受益省份。从各地调拨金额来看，额度大多低于 100 亿元，较大额度的调拨集中在少数几个省份。其中上解超过 100 亿元的是广东、北京、江苏、安徽四省，四省上解金额占总上解金额的 74.4%；受益超过 100 亿元的仍然是辽宁、黑龙江、内蒙古、吉林四省，四省受益金额占总下拨金额的 86.5%。

从 2023 年调拨情况来看，有 23 个贡献省份、9 个受益省份，其中广东省上解 1259 亿元，占总调剂金额的 46.4%，系最大贡献省份；下拨给黑龙江 1063 亿元，占总调剂金额的 39.1%，系最大受益省份。与 2022 年相比，河北、江西、山东、湖北、宁夏五省由受益省份转为贡献省份，虽然贡献额度几乎都是个位数。从各地调拨金额来看，较大额度的调拨同样还是集中在少数几个省份。其中上解超过 100 亿元的是广东、北京、江苏、浙江、四川、安徽六省，六省上解金额占总上解金额的 79%；受益超过 100 亿元的是辽宁、黑龙江、内蒙古、吉林四省，四省受益金额占总下拨金额的 92.4%。

3. 基金管理逐步强化

全国统筹调剂资金是基金的组成部分，纳入中央级社会保障基金财政专户，实行收支两条线管理，专款专用，不得用于一般公共预算。中央级社保经办机构对全国统筹调剂资金单独建账、单独核算。全国统筹实施前的累计结余和实施后的新增结余继续留存地方，实行省级统一管理，省级政府承担主体责任。调研了解到，各省人社、财政、税务部门都会同有关部门建立了对账机制，确保账账相符、账实相符。

调研了解到，各地基本完成企业养老保险全国“一本账”管理工作和全国统筹基金财务信息系统改造工作，搭建起全省集中统一核算的基金财务系统，提升基金财务数据质量。各省级政府切实承担起了确保基本养老金按时足额发放、保障基金安全和基金保值增值的主体责任。总体来看，基金运行平稳高效，按时足额完成了2022年和2023年的上解下拨工作。

4. 预算管理不断完善

全国统筹实施后，基金继续实行中央和省两级预算管理体制。各省份编制本地区基金预算方案，中央编制全国统筹调剂资金预算方案，并汇总编制全国基金预算方案。从调研情况来看，各地都能按照预算法和预算法实施条例等有关规定严格履行编制、审核、报批程序。目前由省级统一确定相关参数，统一部署预算工作，结合本省近年基金收支和经济运行实际等因素编制预算，由财政、人社、税务部门联合审核后报批。预算编制的预见性、准确性、完整性和科学性不断提升，预算执行力度不断加大，全程、全链条预算绩效管理体系不断完善，基本做到了事前有目标、事中有监控、事后有评价、结果有应用。

5. 基金风险防控体系进一步健全

2021年，人力资源和社会保障部、财政部等五部门联合印发《关于做好企业职工基本养老保险基金收支风险防控工作的通知》，制定了一揽子基金风险防控措施，提高了风险防控工作的系统性、协调性。调研中了解到，各地多措并举，不断健全基金风险防控体系。

一是不断加强制度建设，按照国家统一部署，出台细化落地文件，明确基金监管工作职责分工，进一步健全了政策、经办、信息、监督“四位一体”社保基金监管体制机制，强化了制防、技防、人防、群防“四防协同”，健全了社保基金安全监管体系，提升了基金监管能力。

二是社保经办风控数字化转型成效明显。以对接全国统筹信息系统为契机，建成险种一体、业务一体、监管一体、上下贯通的全省社保信息系统，实现系统、数据省级双集中，将百余项风控规则嵌入核心信息系统各个功能模块，把风控措施融入了业务经办全过程；建成了既立足于业务经办、又独立于业务财务的风险防控子系统。

三是社保业务管控规范化水平提高。在社保信息系统中，全面开启了对触发部中台管控规则业务数据进行提示的功能；对缴费明细与年账户本金不一致等重点规则触发的具体原因进行深入分析排查，对触发管控规则业务数据较多的问题开展核查整改工作，业务触发规则率和触发后继续经办率逐步下降。按照部省市县四级联动机制，组织各级社保经办机构开展部中台监测数据核查和高风险业务电子要件交叉检查工作，社保业务管控规范化、精细化水平进一步提高。

四是各地积极开展专项监督检查，如组织对企业养老保险提前退休行为、全险种疑点数据等进行专项监督检查，扎实开展侵占挪用养老保险基金、骗取养老保险待遇问题专项整治，堵塞管理经办漏洞。

五是进一步畅通社保基金监督举报渠道，落实基金要情报告制度，开展养老保险领域专项整治，严肃查处违法违规行为。全国统筹实施以来，还没有发生基金安全重大案件。

三、落实地方财政支出责任

全国统筹要求压实地方财政对基金的投入责任，建立地方政府补充基金投入长效机制。地方政府的支出责任主要包括养老金调标、缺口分担和自行出台政策等方面，所需资金原则上通过地方一般公共预算安排，资金规模一般不得低于上年。（三项补助：调待新增支出、当期基金缺口、自行出台政策）省级政府将中央财政养老保险补助资金拨付财政专户情况、地方财政支出责任落实到位情况。

从调研情况来看，全国统筹实施以来，典型地区地方财政投入企业职工养老保险基金的额度越来越大，地方财政用于养老金的支出占地方财政一般公共预算支出的比例也有所提高。各地均能足额按时将中央财政养老补助资金划拨至财政专户，足额按时到位国家要求地方承担的财政补助资金。此外，为落实中央政策要求，传导市县责任压力，各地都制定了相应的省市县责任分担办法，对市县投入责任分解办法等予以明确。

四、经办服务和信息系统建设

经办业务规程、经办流程和服务标准更加统一规范，建立了部省两级业务协同、风险管控、联动办理和争议复核等经办流程。数据稽核力度和经办能力建设不断加大。信息系统建设方面，各地严格按照国家系统建设技术方案和信息安全标准，对本省原有信息系统进行技术改造，开展多轮数据整理转换，系统功能模块基本能够达到国家要求。各地基本都顺利接入了企业养老保险全国统筹信息系统，实现了部省每一项业务经办和每一笔资金出入信息实时同步，通过统一数据字段等举措，使得数据质量不断提高。

第四节　全国统筹实施过程中存在的主要问题

一、关于“两率”问题

“两率”问题是地方反映较为集中的问题。“两率”是全国统筹工作中用于考核各省（市）城镇企业职工基本养老保险基金征缴力度的重要指标，分别指“实际缴费人数占应参保人数的比率”和“平均缴费工资占单位就业人员平均工资的比率”（以下分别简称“第一率”和“第二率”）。从调研情况看，“两率”在督促地方扩大缴费人数、做实缴费基数方面确实发挥了积极作用，但在执行中也存在一些问题。

一是“第一率”目标的实现存在不确定性。全国统筹工作要求地方10年内“两率”均达到90%的目标。“第一率”的分母为“应参保人数”即“城镇单位就业人数－机关事业单位人员＋灵活就业人员参保人员”，其中，灵活就业人员是自愿参加企业职工基本养老保险。有些省份以个人身份参保的人员占比较高，如有些省份这一占比达到36%，即灵活就业人员占全部参保人数的1/3以上。灵活就业人员的工作及收入的稳定性较企业职工差，且受“缴费满15年即可”心理的影响，中断缴费的可能性大，经济下行期间尤其如此。但灵活就业人员只要做了参保登记并有一次缴费记录，便一直被视为“应参保人数”。同样，像一些主要的劳动力净流出省份，只要流出劳动力在该省曾经参保并缴费一次，以后仍然要计入四川省的“应参保人数”。因此，地方暂时能够达成考核目标的“第一率”由于受到灵活就业人员参保、劳动力流动等因素的影响而具有较大的不确定性，不是一个线性上升且最终可以稳定在某个水平的指标。灵活就业人员参保人数占比越高的省份，以及劳动力净流出越多的省份，参保而不缴费的概率越大、比例越高，未来其“第一率”达标的难度就越大。有些省份甚至认为该指标“跳起来也够不着”。

二是“第二率”目标设定与参保扩面有些相矛盾。当前，我国企业职工基本养老保险扩面的主要对象是灵活就业人员。而现行政策要求灵活就业人员同时向统筹账户和个人账户缴费，缴费比例分别为12%和8%，具体缴费基数水平可在政策范围内自愿选择，同等缴费基数下，其缴费负担要高于企业职工个人。现实当中，多数灵活就业人员选择最低缴费基数（社平工资的60%）。这意味着，一个地方的灵活就业人员参保人数占比越高，其平均缴费工资就越低，“第二率”就越低。也就是说，一个地方未来越是将更多的灵活就业人员纳入制度中来，其“第二率”离目标要求就越远。因此，为了应对“第二率”考核目标，地方可能会对参保扩面工作采取更加保守谨慎的态度，这将不利于全民参保工作的向前推进。

二、关于基金征缴效率问题

从实际征缴数据来看，全国统筹实施以来，各地基金征缴收入变化不大。既没有出现由于地方征缴积极性下降导致征缴收入减少的问题，也没有出现征缴收入较大幅度增加的趋势。征缴收入未实现较大幅度增加，主要是受当前经济形势和三年新冠疫情等客观因素影响。但从调研情况看，需要进一步提升基金征缴效率。

自社会保险费移交税务部门征收以来，人社与税务两部门形成分工，即税务部门依据企业申报的缴费信息来征缴，人社部门负责养老保险权益记录、待遇核定及支付。但对于由哪个部门来稽核缴费基数却一直未明确，新颁布的《社会保险经办条例》也没有予以澄清。现实当中，税务部门虽然有掌握企业工资数据的信息优势，但只是被动地接受企业申报的缴费信息，并不会主动稽核。而且由于全国统筹工作目前在考核“两率”时没有将税务部门纳入考核对象，税务部门也缺乏稽核的压力，这影响到了“两率”的提高。

三、关于地方基金收入的确定问题

目前对地方基金收入的确定有两种方式，一个是中央核定的核算收入，另一个是地方编制的预算收入，目前这两个收入存在出入。

中央对地方基金收入的核定是全国统筹实施方案的核心内容，其目的主要是为了确定各省份是否需要上解资金以及具体金额。其核定方法不是基于地方编制的预算数据，而是有一套规则和算法，但不公开，各项指标的增长幅度也不说明，地方形容其为“黑箱”。从结果看，地方普遍反映中央核定的预算收入数据和地方编制的预算收入数据存在出入，但不明就里，只能被动执行。中央目前的做法有其合理性，原因是当前养老保险基金预算的编制和管理能力，以及所必需的部门信息数据共享机制建设和信息平台建设，滞后于全国统筹的制度要求，使得中央在与地方的“博弈”上处于信息劣势，不能完全“相信”地方编制的预算收入。

而且从地方编制预算收入的过程看，也确实存在失真的可能。地方由人社部门来编制基金预算收入，但所需的缴费信息数据却要由税务部门来提供。而税务部门提供的仅是实际缴费数据，而不是应缴费数据。在税务部门不主动稽核的情况下，那些不缴费企业的信息就不会进入预算编制过程。而且人社部门编制的预算收入还需征求税务部门的意见，双方为此讨价还价。从税务部门的角度看，预算收入越低，征缴任务越容易完成。这些都容易造成预算收入失真。

需要特别引起注意的是，由于目前核定办法中“两率”目标的设定，今后随着“两率”指标的继续提高，中央核定收入和地方预算收入“两张皮”问题可能会越来越严重。目前中央是依据所核定的各省（市）基金收入在当期有结余省（市）和缺口省（市）之间进行资金调剂，“两率”是一个重要指标。根据10年达到90%的目标要求，各省（市）的“两率”指标每年都在稳步提高，中央据此来核定基金收入。如此，对于“两率”实际值低于目标值的省（市），中央核定收入会高于地方预算收入，出现“两张皮”现象。

尽管中央核定的预算收入与地方编制的预算收入不一致在当前有其客观现实性，但长此以往会损害全国统筹的公信力，容易造成地方对未来预期不稳进而影响其工作积极性。

四、关于资金调剂问题

全国统筹实施方案要求，每年年底前，要将次年全国统筹调剂资金调拨方案和缴拨计划提前下达各省份。调研中了解到，全国统筹资金的缴拨计划滞后于地方预算编制时间，地方基金预算一般是在上一年年底编制，缴拨计划一般是在当年年初才下达，这在一定程度上影响了地方预算编制的准确性。同时，调拨方案实际上解金额一般于当年年中才下达，上解额度造成的偏差对省级基金支出预算执行率影响较大，特别是上解额度最大、金额偏差较大的广东省。

此外，虽然目前的资金调拨已经进行了结构优化，采取按季度调拨，且前三季度各拨三成、第四季度拨最后一成的方式。但各地养老金发放与全国统筹资金下拨时间有一定时间差，养老金是按月发放，调剂则是按季度实施，且额度上是可丁可卯。调研中困难省份反映，地方基金当期收入全部用于当期养老金发放，出现任何一项影响保费征收的因素或者资金调剂调度的问题，都可能影响到保发放。

五、关于地方激励问题

健全激励约束机制是进一步理顺央地关系、增强中央和地方工作积极性的重要抓手，能够为养老保险全国统筹工作行稳致远提供重要保障。调研中一些贡献省份反映，目前对他们的政策激励和倾斜力度不够，容易影响地方工作积极性。比如，在省级政府养老保险工作考核和养老金年度调整幅度上倾斜力度不够；在核定地方财政补助时，并未相应减轻贡献省份的地方财政压力，造成地方补助资金的过度沉淀等。

六、关于管理能力建设问题

加强养老保险全国统筹的管理能力建设，具体包括两个方面，一是“人”的建设，二是“数”的建设，目的是“管住地方的人”并“掌握地方的数”。“人”关系到养老保险政策的贯彻和执行，而“数”是政府决策的依据和工作开展的基础。“人”的方面，当前各地的经办管理模式既有“属地管理”，也有“垂直管理”，二者各有利弊。“属地管理”模式下养老保险经办工作难免受地方政府干扰，而“垂直管理”模式虽然能自上而下有序高效地开展工作，但存在人员晋升渠道窄等问题。从国际上来看，实施养老保险全国统筹的国家，出于基金安全、经办效率、地方政府道德风险等方面的考虑，多数采取“垂直管理”模式，如美国、日本等。“数”的方面，全国统筹制度实施以来，尽管社会保险信息系统建设取得了积极进展，为重点风险防控和政策统一规范提供了重要支撑，但还达不到真正意义上全国统筹对数据集中和质量的要求，比如目前部门间数据壁垒仍然存在、信息系统数据传输效率较低、各级信息系统数据字段还未完全统一等。同时，调研中地方反映，信息系统建设经费目前还缺乏机制性安排，并非财政支出的固定科目，未来全国统筹对信息系统建设提出了更高要求，靠四处化缘过日子恐怕不行。

第五节 进一步完善全国统筹的政策建议

一、调整完善“两率”考核指标

一是继续依现行“第一率”的计算方法进行考核，以督促地方扩面参保，同时宜适当降低此率在考核指标中的权重，以兼顾灵活就业人员缴费的不稳定性；或者修改现行“第一率”的计算方法，将分子、分母中的“灵活就业人员”数据去掉，调整为“企业职工实际缴费人数 /（分母调整为‘城镇单位就业人数 – 机关事业单位人员’）”，以督促地方依法加大对企业职工参保缴费的稽核力度，同时对灵活就业人员的参保缴费比率进行单独考核，采取正向激励，即不同比率对应不同分值，比率越高，分值越高，鼓励地方扩面参保。此外，还要加强养老保险政策宣传，宜开发养老金待遇计算小程序，更便捷更直观地帮助灵活就业人员模拟测算不同缴费档次对应的待遇水平，帮助其走出“缴费满 15 年即可”的认知误区，引导早参保、多缴费。

二是调整“第二率”的计算口径，将企业职工和灵活就业人员分开计算和考核，即将分子“平均缴费工资”调整为“企业职工平均缴费工资”，以督促地方做实企业职工缴费基数，而对自愿参保的灵活就业人员的缴费工资不作硬性要求。对于灵活就业人员参保扩面工作成绩突出且平均缴费水平较高的省份，可在考核打分等方面给予适当倾斜激励。同时，可考虑完善“第二率”分母的计算方法，将灵活就业人员的收入纳入其中。

三是发挥国家社会保险公共服务平台的信息数据优势，通过比对重复参保信息来合理确定各省份的“应参保人数”，减轻劳动力流动带来的影响。

二、理顺征缴机制，提高征缴效率

建议进一步明晰“全责征收”的内涵和边界，明确税务部门对社会保险费征缴稽核的主体责任，以充分发挥其在核验企业工资、个人收入方面的信息数据优势，并将其纳入全国统筹“两率”的考核对象，特别是把“第二率”的考核责任全部放在税务部门，以促进缴费基数逐步做实，更好保障人民群众的社会保障权益。

三、科学透明核定地方基金收入

建议全国统筹工作要加强部门信息数据共享机制建设、信息平台建设等基础设施建设，逐步解决中央与地方之间的信息不对称问题，提高中央核定地方基金预算收入的准确性，并据此加强对地方预算编制的指导和监督。在此基础上增加核定办法的透明度，消除地方疑虑、取得地方支持，形成中央和地方良性互动。条件成熟时宜探索由中央负责编制全国的养老保险基金预算的可行性。

企业职工养老保险实施全国统筹后，国家可以掌握各省实际情况，数据的准确性和集中度得到全面加强，进行全国企保基金运行精准分析测算条件已经成熟。建议国家将风险预测预警纳入中长期发展规划，由国家召集专业精算人才，建立精算模型，预测收支情况，提出应对策略。

四、优化全国统筹资金调剂办法

鉴于全国统筹工作还处于起步阶段，工作还处于磨合期，缴拨计划和调拨方案的发布时间还不固定，今后随着工作进一步走向深入，建议严格按照全国统筹实施方案要求，于每年年底前提前下达缴拨计划和调拨方案，时间上尽量与地方预算编制时间相衔接，试行一段时间后将其固定下来。

对于调剂办法，建议适时安排全国统筹周转金或储备金。今后在中央层面另外建立适当规模的周转金或储备金，以备普遍性突发事件或极个别问题影响保费发放时急需。

五、进一步健全激励约束机制

激励方面，建议结合全国统筹工作的进度、需求以及实践中出现的突出问题，及时完善调整考核办法、考核细则中的指标和权重设置，尽早制定将考核结果与中央财政补助资金挂钩的奖惩办法，进一步强化考核结果的运用，特别是要加大对贡献省份的激励力度，以此来增强中央和地方"两个积极性"，实现制度的可持续发展。在考核中要更注重压实受益省份的责任，加强对贡献省份的激励，以体现对收益与贡献省份之间的公平，形成正面的工作导向。

约束方面，"人"和"数"是两个重要抓手。建议及时总结养老保险省级统筹中经办管理的经验做法，适时探索省以下垂直管理的必要性和可行性，充分论证哪种经办模式更契合全国统筹未来发展的要求。与此同时，随着全国统筹工作不断走向深入，建议进一步加强顶层设计，加强信息系统建设，优化信息系统功能，逐步打通部门间信息壁垒，提升中央和地方的信息数据互联互通的效率和质量，夯实数据基础，为中央决策和管理的科学精准提供坚强支撑。

六、多措并举确保养老保险制度可持续

全国统筹仅能暂时缓解地区间养老保险基金的结构性矛盾，并不能从根本上解决未来养老保险基金的总缺口问题。为增强制度的可持续性，建议：一是实时监测养老保险基金的可持续情况，定期评估地方财政的可负担性，以便提前研判形势并及时采取对策；二是加快推进延迟法定退休年龄、提高最低缴费年限、完善待遇计发和调整办法等重大改革；三是研究制定养老保险累计结余资金、全国社会保障基金和划转国有资本资金的使用办法，完善财政补贴养老保险基金的长效机制，拓宽筹资渠道，必要时考虑开辟专项税源或发行养老保险特别国债。

第八章　促进个人养老金高质量发展补齐我国养老保险体系短板

习近平总书记在党的十九届中央政治局第二十八次集体学习时曾提出“要加快发展多层次、多支柱养老保险体系”“规范发展第三支柱养老保险”等重要论述。党的二十大报告提出要“发展多层次、多支柱养老保险体系”，并首次对多层次社会保障体系建设提出了“安全规范”的新要求，充分体现了党中央的底线意识和战略眼光。在人口老龄化背景下，发展多支柱养老保障体系在国际上已有共识。我国个人养老金的建立，从制度上补齐了多支柱养老保险体系的短板，意义重大，影响深远。要实现第三支柱个人养老金健康有序规范协调高质量发展，必须深刻把握其制度属性，发挥好政府、市场和个人的作用。

第一节　发展个人养老金的重要意义

按照筹资模式，养老金制度一般分为现收现付制和基金积累制。20世纪80年代以来全球逐渐进入老龄化社会，单一的现收现付制或完全积累制面临巨大挑战。1994年，世界银行出版研究报告《防止老龄危机——保护老年人及促进增长的政策》，首次提出了三支柱理论：第一支柱是政府管理的强制性 DB 型现收现付制公共养老金计划，第二支柱是由市场管理的强制性 DC 型职业养老金计划，第三支柱由自愿性职业养老金和个人储蓄计划构成。2005 年，世界银行将三支柱扩展为五支柱，即增加了非缴费型的“零支柱”和家庭互助等非正规形式的“第四支柱”。在思想辩论和理论发展的过程中，OECD、欧盟、ILO 等国际组织对世界银行的三支柱理论也进行了调整修正，逐渐演变成主要依据养老金的“发起人性质”来划分，即国家建立的强制性养老保险制度、雇主建立的自愿性养老保险计划、个人建立的自愿性养老储蓄制度。很显然，修正后的三支柱理论更符合实际，也更具包容性，因此被广泛接受，成为养老金领域的主流理论；从各国养老金改革实践来看，三支柱模式也成为大多数国家共同的选择，尽管各国对每个支柱的定义并不完全一致。对于养老金体系，除“多支柱”外，国际上还有“多层次”的提法，但具体到我国，多层次和多支柱具有相同的内涵，核心思想都是通过政府、单位、个人共同分担养老责任，实现养老金体系的可持续发展，最终达到预防老年贫困和平滑一生收入的目的。

2022 年 4 月，《关于推动个人养老金发展的意见》的出台，标志着我国多层次、多支柱养老保障体系迈出关键一步，三支柱养老金体系真正形成。第一支柱为基本养老保险，包括城镇职工基本养老保险和城乡居民基本养老保险，立足于保基本，采取社会统筹与个人账户相结合的模式，体现社会共济，已具备相对完备的制度体系；第二支柱为企业年金、职业年金，由用人单位及其职工建立，制度逐步规范，补充养老功能初步显现；第三支柱除了个人养老金以外，还包括其他个人商业养老金融业务，比如正在试点的专属商业养老保险、养老理财产品和五城特定养老储蓄等，均在试点起步阶段。接着，五部委联合印发的《个人养老金实施办法》，对个人养老金参加流程、信息报送、资金账户管理、机构与产品管理、信息披露、运行监管等方面作出具体规定，内容丰富、指引明确，标志着个人养老金制度真正落地。

个人养老金制度的建立，不仅在多层次、多支柱养老金体系发展上具有里程碑意义，更要把握其在积极应对人口老龄化和国家经济社会发展层面的战略意义。从国家层面来看，个人养老金既是国家养老金体系的补充，又是国民养老收入的补充，既有利于完善多层次、多支柱养老金体系，更有利于满足人民多样化的养老需求，实际缓解我国养老金领域的发展不平衡、不充分问题。从个人角度来看，有利于推动个人养老理念转变，强化个人养老责任，形成风险防御意识，鼓励人们尽早制定长期养老规划。同时，个人养老金作为长期资金，能够促进我国资本市场完善和健康发展，不仅反过来进一步实现养老金保值增值，还能更好地服务于国家经济社会发展大局。

第二节　个人养老金的制度属性分析

个人养老金的属性有多种划分方法，比如制度属性、金融功能属性、个人规划属性等。本文重点分析它的制度属性：公共属性和私人属性。

一、公共属性：国家提供税收优惠以积极应对老龄化挑战

个人养老金是国家关于第三支柱的制度性安排，是国家积极应对人口老龄化的战略性举措。与目前市场上供个人选购的养老保障产品的根本区别在于，个人养老金制度具备公共属性，其实现方式是国家提供税收优惠，其目的是国家统筹多支柱养老金体系发展，以应对人口老龄化给我国经济社会发展带来的挑战。

在我国第一支柱基本养老保险一支独大和第二支柱企业年金发展滞缓的情况下，国家在推进参量改革的同时，也着手进行养老金体系的结构性改革，建立第三支柱个人养老金就是养老金领域结构性改革的举措之一。为完善国家、单位、个人三方责任共担机制，总体提高国民养老金待遇水平，更好保障老年基本生活需要，国家通过税收激励来推动第三支柱的建立和发展。

因此，我们不能将即将试行的第三支柱个人养老金简单地同市场上已有的个人层面的养老保障产品和计划画上等号，更不能将第三支柱个人养老金制度简单地理解为纯粹的商业行为、市场行为，而是要充分认识、理解其公共属性。

二、私人属性：个人通过完全积累制保护个人的私有产权，个人决策自愿参加

个人养老金是个人的私有财产，个人拥有主导权。个人养老金最突出的特征，是自始至终养老资产独立，资产归属清晰。这是保障账户资产安全的前提，也是确定个人养老金产权归属的重要条件。养老金制度是一种跨期安排，市场化运作的个人养老金，从进行投资增值到最后养老消费支出，都完全是老百姓自己的钱。因此，明确实账化资产的产权属性是第一位的，否则，个人将无法稳定预期，安心缴纳个人养老金。

个人养老金采取账户制，资金完全积累。完全积累制是指制度参与人工作期间在养老金账户上积累资金，由金融机构对账户进行投资管理，参与人达到法定退休年龄后，可按个人账户积累的养老金资产数量领取养老金，基本上遵循“自养”原则。个人养老金的产权完全归参与者个人所有，这就决定其资金循环方式必须采用完全积累制。在完全积累制下，个人养老金的根本来源是个人定期缴纳的费用，个人养老金资产积累的速度

与水平完全取决于其以往缴费、管理费用以及投资业绩等。

基于私有产权属性，个人养老金可有效承接第二支柱资金转移。从性质上看，第二支柱职业养老金和第三支柱个人养老金同属于私人养老金的范畴，主要目的是弥补公共养老金待遇的不足，提高退休后的生活质量。个人养老金采取的是账户制，具有独立性和灵活性，方便携带转移。第二支柱职业养老金同样采取的也是账户制，但其建立和参与必须依托于单位，当第二支柱养老金参与者在不同单位之间流动时，可能面临因一些单位尚未建立职业养老金而无法转移等问题。借鉴国际经验，我国第二支柱和第三支柱可以建立适当的衔接机制，当个人转换工作时，个人养老金账户可以充当归集账户的角色，承接第二支柱转移资金，以提高养老金制度的灵活性，从而有利于劳动力流动和劳动力资源配置。

从国际经验看，绝大部分国家对于个人养老金都是采用自愿参加的方式，政府通过税收激励来引导鼓励民众参与。这一点区别于公共养老金的强制性质，以及职业养老金的半强制性质或采取自动加入机制来提升制度覆盖率。在个人养老金领域，个人拥有充分自主权，主要体现在个人自主决定参加与否以及参与程度（缴费额度）、自主选择管理机构或产品、拥有充分的投资选择权以及个人自主选择待遇领取方式等方面。

第三节　个人养老金的历史沿革与现行政策

一、历史沿革

中国的个人养老金制度自养老保险制度改革起就一直是多层次养老保

险制度体系建设的重要组成部分。1991 年，国务院《关于企业职工养老保险制度改革的决定》（国发〔1991〕33 号）提出逐步建立国家基本养老保险、企业补充养老保险和个人储蓄性养老保险相结合的多层次养老保险制度，首次表达了国家对个人养老金的支持和鼓励态度。之后，覆盖城乡的基本养老保险制度（包括城镇职工基本养老保险和城乡居民基本养老保险）不断健全和完善，企业年金和职业年金制度也相继建立，社会期待个人养老金制度问世。

2018 年，财政部、税务总局等 5 部门联合发布了《关于开展个人税收递延型商业养老保险试点的通知》（财税〔2018〕22 号），选择在上海市、福建省（含厦门市）和苏州工业园区开展为期一年的试点，标志着个人养老金制度建设正式启动。在总结试点经验的基础上，2022 年国务院办公厅发布《关于推动个人养老金发展的意见》（国办发〔2022〕7 号），标志着国家层面的个人养老金制度正式建立，多层次养老保险制度体系架构基本搭建完成。

二、现行政策

与个人税收递延型商业养老保险试点政策（以下简称“试点政策”）相比，现行个人养老金政策具有如下特点。

一是参保范围更加广泛。在中国境内参加城镇职工基本养老保险或者城乡居民基本养老保险的劳动者，都可以参加个人养老金制度。而试点政策的适用对象仅限于取得工资、劳务报酬、经营收入的个人。

二是制度模式更加完善。个人养老金实行的完全积累的、缴费确定型的个人账户制度，设两个账户：一个是个人养老金账户，通过个人养老金信息管理服务平台来建立，作为参加个人养老金制度、享受税收优惠政策的基础；另一个是个人养老金资金账户，在商业银行开立，用于个人养老金缴费、归集收益、支付和缴纳个人所得税。而试点政策仅有个人商业养老资金账户。

三是缴费水平更加明确。个人养老金仅规定年度缴费上限（目前为12000元/年）。而试点政策的缴费水平却要按照参加人当月收入的6%和1000元孰低办法确定。

四是税优力度更大。个人养老金政策与试点政策均采取EET税优模式，且都为固定税率，但个人养老金待遇在领取时的适用税率为3%，低于试点政策7.5%的税率，这有利于吸引更多的人参加个人养老金计划。

五是投资产品选择范围更加广泛。个人养老金计划的投资产品包括银行理财、储蓄存款、商业养老保险、公募基金等金融产品，通过信息平台和金融行业平台向社会发布。而试点政策仅允许购买商业养老保险产品。

六是信息平台的功能更齐备。个人养老金的信息平台由人力资源社会保障部组织建设，与符合规定的商业银行以及相关金融行业平台对接，与财政、税务等部门共享相关信息，为参加人提供个人养老金账户管理、缴费管理、信息查询等服务，支持参加人享受税收优惠政策，为个人养老金运行提供信息核验和综合监管支撑，为相关金融监管部门、参与个人养老金运行的金融机构提供相关信息服务。而试点政策使用的是中国保险信息技术管理有限责任公司建立的信息平台，而这个平台如今包含在个人养老金信息平台所对接的金融行业平台之中。

三、机构和产品准入

个人养老金政策出台之后，人社部、财政部、税务总局、证监会、国家金融监管总局等部门的配套政策于2022年11月集中发布。配套政策中，产品和机构的准入条件是核心内容之一，各金融行业都设置了相应的准入门槛。

1. 基金业准入

（1）基金产品准入条件

允许准入的基金产品包括：一是养老目标基金，要求最近 4 个季度末规模不低于 5000 万元或者上一季度末规模不低于 2 亿元；二是股票基金、混合基金、债券基金、基金中基金及其他基金，要求投资风格稳定、投资策略清晰、运作合规稳健且适合个人养老金长期投资。

（2）基金产品销售机构准入条件

一是经营状况良好，财务指标稳健，具备较强的公募基金销售能力；最近 4 个季度末股票基金和混合基金保有规模不低于 200 亿元，其中，个人投资者持有规模不低于 50 亿元。

二是公司治理健全，内部控制完善，具备较高的合规管理水平；最近 3 年没有受到刑事处罚或者重大行政处罚；最近 1 年没有因相近业务被采取重大行政监管措施；没有因相近业务存在重大违法违规行为处于整改期间，或者因相近业务涉嫌重大违法违规行为正在被监管机构调查；不存在已经影响或者可能影响公司正常经营的重大变更事项，或者重大诉讼、仲裁等事项。

三是与基金行业平台完成联网测试。

四是符合中国证监会规定的其他条件。

2. 保险业准入

（1）保险产品发行机构准入条件

一是上年度末所有者权益不低于 50 亿元且不低于公司股本（实收资本）的 75%；二是上年度末综合偿付能力充足率不低于 150%、核心偿付能力充足率不低于 75%；三是上年度末责任准备金覆盖率不低于 100%；四是最近 4 个季度风险综合评级不低于 B 类；五是最近 3 年未受到金融监管机构重大行政处罚；六是具备完善的信息管理系统，与银行保险行业个人养老金信息平台实现系统连接，并按相关要求进行信息登记和交互；七是符合国家金融监管总局规定的其他条件。养老主业突出、业务发展规范、内部管理机制健全的养老保险公司，可以豁免关于上年度末所有者权益不低于50亿元的规定。

（2）保险产品准入条件

一是保险期间不短于5年；二是保险责任限于生存保险金给付、满期保险金给付、死亡、全残、达到失能或护理状态；三是能够提供趸交、期交或不定期交费等方式满足个人养老金制度参加人交费要求；四是符合国家金融监管总局规定的其他要求。

3. 商业银行、理财公司准入

一级资本净额超过1000亿元（截至2022年第三季度末）、主要审慎监管指标符合监管规定的全国性商业银行和具有较强跨区域服务能力的城市商业银行，可以开办个人养老金业务。业务范围包括：资金账户业务；个人养老储蓄业务；个人养老金产品代销业务，包括代销个人养老金理财产品、个人养老金保险产品、个人养老金公募基金产品等；个人养老金咨询业务；国家金融监管总局规定的其他个人养老金业务。

第四节　金融市场对个人养老金政策的参与情况

个人养老金政策出台之后，金融机构积极响应，推出各类个人养老金产品，采取多种方式吸引人们开户、缴费，在较短的时间内取得了较好的效果，也发生了一些具有阶段性特征的问题，需要在今后逐步加以解决。本部分数据截至2023年2月24日。

一、金融机构参与情况

目前，参与个人养老金管理运营的基金、保险、银行等各类金融机构共84家。其中，个人养老金基金、个人养老金保险只公布产品目录，参与金融机构为进入目录产品的发行方；个人养老金理财和个人养老金储蓄则同时公布了产品目录和机构名单。

从参与金融机构的行业类型看，基金公司数量最多，一共41家，占比49%。其次是银行、理财公司和保险公司，占比分别为27%、13%和11%。

表44　个人养老金参与金融机构结构（行业）

金融机构类型	机构数量（家）	占比（%）
基金	41	49
银行	23	27
理财公司	11	13
保险	9	11
合计	84	100

资料来源：WIND；中国理财网；中银保信官网。

从参与金融机构的股东性质看，内、外资均有涉及。内资金融机构50家，占比60%；合资金融机构（外资参股）32家，占比38%；外资控股和外商独资金融机构各1家，占比都为1%。

表45　个人养老金参与金融机构结构（内/外资）

金融机构类型	机构数量（家）	占比（%）
内资	50	60
合资	32	38
外资控股	1	1
外商独资	1	1
合计	84	100

资料来源：WIND；根据公开信息整理。

从参与金融机构的所有制类型看，国有金融机构 65 家，占比 77%，民营金融机构 19 家，占比 23%。

表 46　个人养老金参与金融机构结构（国有 / 民营）

金融机构类型	机构数量（家）	占比（%）
国有	65	77
民营	19	23
合计	84	100

资料来源：根据公开信息整理。

二、金融机构推出的产品分析

1. 个人养老金基金

目前，41 家基金公司投资运作了 133 只个人养老金基金，所有产品风险等级均为 R3（中风险平衡型）。其中，目标风险基金 83 只，目标日期基金 50 只。

从产品持有期限来看，主要有一年、两年、三年和五年持有期。其中一年和三年持有期的产品居多，占比分别为 46% 和 44%。五年持有期产品 12 只，二年持有期产品仅 1 只。

表 47　个人养老金基金产品结构（持有期）

持有期限	产品数量（只）	占比（%）
1 年	61	46
2 年	1	1
3 年	59	44
5 年	12	9
合计	133	100

资料来源：WIND。

目标风险基金布局以稳健型为主，聚焦中低风险偏好客群。行业布局保守、稳健、平衡和积极 4 类产品，未布局激进产品。其中，稳健型产品布局数量最多，达 59 只，占比 71%；平衡型产品次之，达 20 只，占比 24%；积极型产品 3 只，占比 4%。目前仅有华夏保守养老布局 1 只保守型目标风险基金。

表 48　目标风险基金产品布局情况

类型	产品数量（只）	占比（%）
保守	1	1
稳健	59	71
平衡	20	24
积极	3	4
总计	83	100

资料来源：WIND。

目标日期基金集中布局在 2035 年和 2040 年目标日期，聚焦 70—80 后客群。目标日期基金主要有 2025 年至 2050 年六类产品，2035 年和 2040 年布局产品最多，主要目标人群是 70—80 后，分别为 12 只和 14 只，占比分别为 24% 和 28%。此外，2030 年、2045 年、2050 年产品各有 6 只。有关调查显示，40 岁左右的人群参加个人养老金制度的意愿最强烈、人数也最多。

表 49　目标日期基金产品布局情况

目标日期（年）	产品数量（只）	占比（%）
2025	3	6
2030	6	12
2033	1	2
2035	12	24
2038	1	2
2040	14	28
2043	1	2
2045	6	12
2050	6	12
总计	50	100

资料来源：WIND。

2. 个人养老金理财

目前共有 4 家理财机构发行的 18 只养老理财产品已进入个人养老金产品目录，全部为公募类净值型开放式产品[①]。其中，4 只为个人养老金账户专属产品，只针对个人养老金发售，发行机构为工银理财。12 只增设 L 份额，发行机构为农银理财、中银理财和中邮理财；2 只增设 B 份额，发行机构为工银理财；L 份额和 B 份额对应的原理财份额支持非个人养老金账户购买。

产品定位中低风险，均设置持有期。18 只个人养老金理财产品中，15 只为固收类产品，3 只为混合类产品；5 只产品风险等级为三级，13 只产品风险等级为二级。18 只个人养老金理财产品均设置最短持有期，分别为 1 年、1 年半、2 年和 3 年不等，最长持有期为 5 年。部分个人养老金理财产品情况见表 50。

表 50　部分个人养老金理财产品基本情况

发行机构	产品系列	持有期（天）	产品类型	风险等级	业绩基准
工银理财	核心优选	365	固收	二级	3.7%—4.2%
					个人养老金专属
	鑫添益	540	固收	二级	4.1%—4.6%
					个人养老金专属
	鑫尊利	1080	固收	二级	5.25%—5.75%
					个人养老金专属
	鑫悦	720	固收	二级	4.4%—4.9%
					个人养老金专属
农银理财	农银同心 . 灵动	360	混合	三级	4.05%

① 即公募基金，公开募集、净值估值、开放购买的产品。

续表

发行机构	产品系列	持有期（天）	产品类型	风险等级	业绩基准
中邮理财	添颐．鸿锦	365	固收	二级	A 份额：3.65%—4.65%
					L 份额：3.65%—4.65%
	添颐．鸿锦	1095	固收	二级	A 份额：3.85%—4.75%
					L 份额：3.85%—4.75%

资料来源：中国理财网。

3. 个人养老金保险

目前共有 9 家保险公司（其中 7 家寿险公司和 2 家养老保险公司）发行的 13 只产品进入个人养老金产品目录。其中，年金险 10 只（专属商业养老保险 8 只，年金险 2 只），占比 77%；两全险[①]2 只，万能险[②]1 只。个人养老金保险普遍采取“养老年金 + 身故保障”的模式，保障范围较广，有的产品扩展到了全残护理[③]（失能护理）。

表 51　个人养老金保险基本情况

发行机构	产品系列	产品类型	保障利率（稳健 / 积极）	保障责任
中国人寿	国寿鑫享宝	专属商业养老	2%/0	养老年金、身故保险金、失能护理保险金
人保寿险	福寿年年	专属商业养老	3%/0.5%	养老年金、身故保险金、重度失能保险金
太平人寿	岁岁金生	专属商业养老	2%/0	养老年金、身故保险金、全残保险金
太平养老	盛世福享金生	专属商业养老	3%/0.55%	养老年金、身故保险金、失能护理 / 疾病全残保险金
泰康人寿	臻享百岁	专属商业养老	2.85%/0.5%	养老年金、身故保险金

① 生死两全，生存状态是满期保险金，死亡状态是身故保险金。

② 附加万能账户，特点是寿险与理财混合，缴费灵活，账户管理透明、参保人可查等。

③ 全残，又称高残，指的是因为意外伤害或者疾病原因导致身体严重残疾并且达到一定程度，符合《人身保险伤残评定标准》中的 1 级伤残标准。全残护理保险金，因发生全残而丧失日常生活能力，按保险金额给付全残护理保险金，合同终止。

续表

发行机构	产品系列	产品类型	保障利率（稳健 / 积极）	保障责任
泰康人寿	臻享百岁 B 款	专属商业养老	2.85%/0.5%	养老年金、身故保险金
国民养老	共同富裕	专属商业养老	3%/0	养老年金、身故保险金
新华人寿	卓越优选	专属商业养老	2.5%/1%	养老年金、身故保险金
太平人寿	太平鑫多多（互联网专属）	两全险	—	满期保险金、身故保险金
阳光人寿	阳光寿	年金险	—	养老年金、身故保险金
工银安盛人寿	盛享颐年	年金险	—	养老年金、身故保险金、满期金
工银安盛人寿	金账户	万能险	—	身故保险金、年金、持续奖励金
中国人寿	鑫民宝	两全险	—	满期保险金、身故保险金

资料来源：各保险公司官网。

4. 个人养老金储蓄

个人养老金储蓄包括个人养老金专属存款和特定养老储蓄。个人养老金专属存款由可开立个人养老金资金账户的 23 家商业银行发售；特定养老储蓄由工、农、中、建四大行在合肥、广州、成都、西安和青岛市试点，试点期限 1 年，单家试点银行特定养老储蓄业务总规模限制在 100 亿元以内。

个人养老金专属存款产品期限涵盖 3 个月到 5 年，利率在 1.75%—3.4%，略高于同期限普通存款，低于特定养老储蓄。

特定养老储蓄包括整存整取、零存整取和整存零取三种类型，产品期限分为 5 年、10 年、15 年和 20 年四档，利率略高于大型银行 5 年期定期存款的挂牌利率，参与人在单家试点银行特定养老储蓄产品存款本金上限为50万元。同时，参与人须年满35岁，不同期限产品与客户年龄有一定的适配性，即客户的年龄加上存款期限需要大于或等于55。

截至2022年底，个人养老金开户数量1954万人，缴费人数613万人，缴费人数占开户人数的31.37%；总缴费金额142亿元。

参加者对个人养老金产品的选择倾向，目前尚无公开数据。但一些调查报告可以提供参考。例如《中国养老金融调查报告（2022）》对愿意购买养老金融产品人群的调查结果显示，储蓄类产品由于风险低而最受欢迎，支持率为55.13%；其次是理财类产品，支持率为50.71%，保险类产品的支持率位列第三，为36.92%，而基金类产品的支持率最低，为30.09%。调查结果反映出，总体上人们对于养老金融产品类型的选择显示出风险厌恶倾向，在安全性与收益性的权衡上赋予安全更大的权重，这可能是目前已经进入目录的目标风险基金产品以稳健型为主，理财产品以固定收益型为主的主要原因之一。当然，个人养老金制度、个人养老金产品的设计、准入机制、监管机制等是否会改变人们的投资观念、行为，对风险有更高的容忍度，尚需经过时间的检验。

第五节　个人养老金发展存在的主要问题和未来发展建议

一、目前反映出的一些突出问题

个人养老金政策在实施过程中反映出一些问题，多数问题与该政策的实施时间短有关，具有阶段性特征，将会随时间而逐步得到解决。

1. 开户人数虽然增长迅速，但缴费人数占比偏低

截至 2023 年底，个人养老金政策实施一年半，开户人数已超过 5000 万，但缴费人数占比不高。究其主要原因，可能有两个方面：

一是商业银行目前的营销重在于促进开户。商业银行是个人养老金开户的主渠道。从商业银行的角度看，由于资金账户具有唯一性，而且许多人由于惰性而不愿轻易转移和变更账户，因此短期内在激烈的市场竞争中获取尽可能多的开户人数是关键的第一步，这对于之后银行开展个人养老金业务具有重要影响。因此，商业银行针对参加人开户的让利活动较多。

二是参加人对个人养老金计划的认识尚不足。部分人在思想上、知识上并没有准备好参加个人养老金计划。部分人由于年轻而尚未严肃地思考养老问题，他们开立个人养老金账户纯粹因开户手续简单、仅需要花费几分钟时间，且能获得商业银行的让利。部分人虽然有投资意愿，或者由于市场上产品类型多，各类金融机构都是分业经营，缺乏综合类的投顾，也缺乏公开、权威的产品评价，不知如何选择；或者期待市场检验现行的个人养老金产品或者提供更多的产品优化空间，故持观望态度。

2. 参加人产品选择范围有一定的局限性

我国金融监管机构对产品销售机构有严格的条件规定，而《个人养老金实施办法》第七条规定“参加人可以选择一家商业银行开立或者指定本人唯一的个人养老金资金账户，也可以通过其他符合规定的个人养老金产品销售机构指定”。这表明参加人只能在一家金融机构开设资金账户，开户后只能在这家金融机构提供的与个人养老金相关的金融产品（包括代理其他金融机构的产品）中选择投资品种，具有一定的局限性。

3. 机构和个人倾向于中短期个人养老金产品

从机构发行的个人养老金产品看，中短期产品占比较高，如个人养老金基金产品中有 46% 的产品最短持有期仅为 1 年。从参加人对个人养老金

产品的选择看，短期产品比长期产品更受欢迎，到期日近的比到期日远的更受欢迎[①]。短期产品一方面相对费率过高，频繁申赎又会增加交易费用；另一方面产品收益率波动性较大，而且收益率从长远来看不及长期产品。如此，不利于实现个人养老金基金“长钱长投”、追求长期稳健增值的初衷。

然而，我们需要用发展的眼光审视当前的现象，人们的投资行为会随着条件的改变而变化。参加人之所以倾向中短期产品，可能主要是由于以下原因：

其一，在人们以往的投资经历中，很多基金产品不设封闭期。从自由申赎到必须持有规定的期限，人们在心理上需要有一个适应的过程，因此在初期人们会倾向于选择持有期较短的产品。

其二，很多人对发行个人养老金产品的金融机构及其产品不熟悉、有疑虑，会选择短期产品来减少因选择不当而造成的损失。

要改变参加人的这种行为，一方面需要加强投资者教育，帮助人们逐渐树立正确的投资理念；另一方面也需要金融机构通过提升投研能力和资产配置能力，以优秀的投资业绩来增强参加人对机构和产品的信心，从而更加主动地践行“长钱长投”的理念。

4. 个人养老金投资者教育有待加强

个人养老金投资者教育问题对制度运行结果起着至关重要的作用。如果由于不了解、不理解个人养老金制度而导致大量的人应加入而未加入，如果加入个人养老金制度的人们普遍表现出类似于证券市场上“散户”的行为特征、重蹈“散户”命运的覆辙，那么个人养老金制度的初心使命就难以达成。

---

① 微信公众号：读数一帜，透视首批个人养老金基金：看不清的产品、风险、人 |《财经》封面。

个人养老金投资者教育方式有多种，参与主体有多个，而金融机构针对个人养老金开展的宣传活动就是其中之一。但宣传活动需要投入大量人力、物力、财力。在个人养老金制度启动实施阶段，容易组织人力密集宣传。但金融机构以营利为目的，会寻求宣传投入和未来收益的平衡，宣传力度随着时间的推移必然会下降。如果针对个人养老金的投资者教育仅限于此，那么当密集宣传的热度退去，投资者教育活动将转弱。而为了促使更多地理解并加入个人养老金计划，包括个人养老金投资者在内的更有组织性、系统性、持久性的投资者教育活动需要深入而持续地开展下去。

二、多方发力促进个人养老金高质量发展

个人养老金的公共属性决定了政府在其建立发展过程中要发挥重要作用。个人养老金涉及人力资源社会保障部、财政部、国家税务总局、金融监管总局、证监会等多个政府部门，需要政策衔接和部门协调，他们的作用主要体现在制度设计、平台建设、运行监管等方面。

一是制度设计。个人养老金的制度设计涉及方方面面，其中，税优政策最为关键。2022 年 9 月 26 日，国务院常务会议决定对政策支持商业化运营的个人养老金予以税收优惠，缴费者每年享受限额 1.2 万元的税前扣除，投资收益暂不征税，领取养老金时，实际税负由个人税收递延型商业养老保险试点时的 7.5% 降至 3%，这个力度非常大，一次性降至个人所得税最低税率。当前个人养老金采取的是“EET”模式，即缴费和投资收益环节个税递延，提取环节统一补缴个人所得税。借鉴国际经验，未来个人养老金可以考虑提供“EET”和“TEE”两种税制选择，中高收入群体选择“EET”，能够享受到税收优惠；低收入群体选择“TEE”，即在缴费环节征税，由于他们本身就达不到个税起征点，实际个税为 0，由此可让低

收入者切实从个人养老金计划中受益。根据有关数据统计，目前我国缴纳个人所得税的人数仅约7000万，因此，提供两种税制选择，才能使个人养老金制度真正惠及大多数人。同时，为提升制度公平性和覆盖面，可借鉴德国李斯特养老金计划，采取直接财政补贴方式支持中低收入群体参与个人养老金制度。

在推进实现共同富裕的大背景下，个人养老金应从制度设计上增强激励，积极促进灵活就业人员参保。比如，鼓励平台配套补贴员工个人养老金缴费。当前大多数灵活就业群体，尤其是新业态下的灵活就业者往往依托于特定平台开展相应服务，尽管平台与就业者往往没有劳动合同约束的雇佣关系，有些就业者还分属于多个平台，但平台与就业者之间普遍存在着相互需求和依存的关系。《关于维护新就业形态劳动者劳动保障权益的指导意见》的出台，意味着在现行劳动法体系中确立了“有劳动关系”“无劳动关系”外不完全符合确立劳动关系情形的第三类劳动者。无论平台经营企业采用哪种用工模式，都应该对新就业形态劳动者承担一定的雇主责任。为更好地保障就业者平台参与的稳定性，可以鼓励平台或其他雇佣灵活就业群体的企业在缴费限额范围内，按照一定比例配套补贴个人养老金缴费，同时，该匹配缴费可以纳入企业所得税税前扣除，以提高平台和企业的积极性。

二是平台建设。平台建设在推动政策落地、保障业务便捷和加强综合监管等方面有着重要作用，能够提升第三支柱养老金的公信力。《个人养老金实施办法》指出，信息平台对接商业银行、金融行业平台，以及相关政府部门，对个人养老金账户及业务数据实施统一集中管理，与基本养老保险信息、社会保障卡信息关联，为规范制度实施、实施业务监管、政府宏观指导和优化服务体验提供支持。这样一来，个人税收递延型商业养老保险试点时行业平台分散管理的“碎片化”问题得到根本解决。不管是公共年金、职业养老金还是个人养老金，各国养老金管理越来越呈现出一体化的发展趋势，一些国家已开始整合建立多支柱养老金的综合信息平台，这也是中国多层次养老金发展的方向。

三是运行监管。第三支柱个人养老金应充分发挥行政监管、行业监管和社会监督的作用，明确监管机构的职责和分工，保障第三支柱平稳有效运行。《个人养老金实施办法》已经明确，由人力资源社会保障部、财政部根据职责制定个人养老金具体政策并进行运行监管，税务部门依法对个人养老金实施税收征管，人力资源社会保障部对信息平台的运行履行监管职责，金融监管总局和证监会根据各自职责制定个人养老金配套政策，并依法依规对参与个人养老金运行金融机构的经营活动以及金融行业平台的日常运营进行监管。

此外，在顶层设计上，应特别注意第三支柱内部的协同以及与第一、二支柱之间的协调。第三支柱内部协同是指个人养老金与其他个人养老金融业务的协同，个人养老金正式试行之日就是个税递延型商业养老保险终结之时，正在试点的其他一些养老金融产品将来是否会并入个人养老金尚未明确，未来第三支柱如何能够实现规范协调发展是一个重要课题。养老金体系三支柱之间的协调一般体现在个人账户互联互通、综合服务平台建设等方面。《个人养老金实施办法》明确，个人养老金的参加人应当是在中国境内参加城镇职工基本养老保险或者城乡居民基本养老保险的劳动者。也就是说，只有参加了基本养老保险，才可以加入个人养老金，以此为契机，未来有望形成第一支柱和第三支柱相互促进的良好局面。

个人养老金的私人属性决定了还要更好地发挥市场和个人的作用。在第三支柱个人养老金中，政策的作用更多的是引导个人自愿参加，而要想将个人长期地留在第三支柱中则更多地要依靠市场上各类金融机构提供的优质养老金融产品和长期专业的服务。因此必须要充分调动银行、基金、保险等行业和机构参与第三支柱建设的积极性，应鼓励行业间、机构间开展广泛而深入的合作与竞争。《个人养老金实施办法》中提出要加强投资者教育，此处的投资者教育应为面向全体国民开展的养老金融教育。它不同于证券基金行业开展的一般意义上的投资者教育，通俗来讲，就是面向养老或者以养老财富储备为目的的金融教育，以养老作为出发点和立足点，涉老内容更加具体更有针对性，应至少包括理念教育和知识普及两个方面。第二、第三支柱私人养老金的快速发展对养老金融教育提出了要求，个人在做出储蓄、投资、工作变动和领取养老金等决策时，需要秉持正确的理念并掌握一定的养老金融知识。

作为一项积累型养老金制度，第三支柱个人养老金的发展并不是一蹴而就的，而是一个缓慢积累、逐渐壮大、长期发展的过程，其作用的发挥也需要较长的时间才能显现。此外，受宏观经济发展状况、税制改革进展和资本市场发展等因素的影响，第三支柱个人养老金制度也需要随着社会经济环境的变化不断完善。

参考文献

[1] The World Bank. Averting the Old Age Crisis [R].1994.

[2] 防止老龄危机（中文版）[M].劳动部社会保障研究所，译.北京：中国财政经济出版社，1996：10.

[3] Holzmann，Robert and Richard Hinz. Old-Age Income Support in the 21st Century: An International Perspective on Pension Systems and Reform [R]. Washington，D.C: World Bank，2005：55-58.

[4] 罗伯特·霍尔茨曼，理查德·欣茨等. 21世纪的老年收入保障——养老金制度改革国际比较 [M].郑秉文，等译.北京：中国劳动社会保障出版社，2006：1-2.

[5] Barr N. The Pension System in Sweden；Report to the Expert Group on Public Economics；Elanders: Stockholm，Sweden，2013.

[6] Grech AG.Assessing the Sustainability of Pension Reforms in Europe；London School of Economics&Political Science: London，UK，2010.

[7] Grech AG.What makes pension reforms sustainable？Sustainability 2018，10，2891.

[8] Rawls J（1973）A Theory of Justice. Oxford University Press Paperbacks，Oxford.

[9] The World Bank. Sustainability of Pension Systems in the New EU Member States

and Croatia——Coping with Aging Challenges and Fiscal Pressures [M] .2008.

[10] The World Bank. Pension Conceptual Framework.

[11] Joe Newton, Mark Randall. Sustainability for Defined Benefit Pension Plans. GRS.2018.

[12] Birgit Mattil. Pension Systems [M] .Germany: A Springer Company, 2006.

[13] Pearce DW. The MIT Dictionary of Modern Economics [M] . Cambridge: The MIT Press, 1992: 417.

[14] Qing Zhao, Haijie Mi. Evaluation on the Sustainability of Urban Public Pension System in China [J] .Sustainability, 2019 (11): 14–18.

[15] European Commission: Objectives and working methods in the area of pensions: Applying the open method of coordination. Joint Report of the Social Protection Committee and the Economic Policy Committee [M] . Luxembourg: Official Publications of the European Communities, 2001.

[16] 高和荣，陈凤娟 . 个人养老金制度的实施、挑战与优化 [J] . 西北大学学报（哲学社会科学版），2022（6）：82–89.

[17] 杨一心，何文炯 . 养老保险“参而不缴”及其基金效应 [J] . 中国人口科学，2015（6）：35–45+127.

[18] 刘方涛，郭小楠，张蕊，等 . 基于需求角度的个人养老金潜在规模测算 [J] . 保险研究，2022（1）：64–78.

[19] 王晓军 . 长寿风险与养老金体系可持续发展研究 [M] . 北京：科学出版社，2021：74–91.

[20] 杨健，张钟予 . 少子老龄化下我国养老金可持续发展的应对策略 [J] . 就业与保障，2022，300（10）：52–54.

[21] 张苏，李泊宁 . 人口老龄化与养老金可持续性研究进展 [J] . 经济学动态，2021，720（02）：126–142.

[22] 高山宪之，王新梅 . 如何使公共养老金的财政可持续?[J]. 中国劳动，2019，425（05）：70–78.

[23] 张燕婷，董克用，王丹 . 持续推进养老金制度建设 积极应对人口老龄化[J]. 中国行政管理，2020（5）：58–62.

[24] 董克用，张栋 . 公共养老金和私人养老金：制度分野、国际经验与启示[J]. 清华金融评论，2017（3）：75–79.

[25] 董克用，张栋 . 高峰还是高原?——中国人口老龄化形态及其对养老金体系影响的再思考[J]. 人口与经济，2017（4）：43–53.

[26] 施文凯，董克用 . 美德两国基本养老保险待遇确定机制的经验与启示[J]. 社会保障研究，2022，83（04）：89–98.

[27] 李珍 . 社会保障理论[M].4 版 . 北京：中国劳动社会保障出版社，2018.

[28] 李珍 . 基本养老保险制度分析与评估——基于养老金水平的视角[M]. 北京：人民出版社，2013：1–33.

[29] 郑秉文 . 中国养老金精算报告 2019—2050[M]. 北京：中国劳动社会保障出版社，2019.

[30] 郑秉文 . 世界银行养老金改革观点的重要变化：从三支柱到五支柱[O/L].http：//www.aisixiang.

[31] 程永宏 . 现收现付制与人口老龄化关系定量分析[J]. 经济研究，2005（03）：57–68.

[32] 周弘 . 欧洲国家公共养老金改革的路径选择：结构还是参数?[J]. 欧洲研究，2017（05）：16–30.

[33] 封铁英，高鑫 . 人口老龄化对农村养老金可持续性的冲击：基于 VAR 模型的实证研究[J]. 管理评论，2015（06）：30–41.

[34] 赫国胜，柳如眉 . 少子老龄化、养老金均衡与公共债务危机——PIIGS 五国的经验与教训[J]. 财政税收，2016（01）：3–15.

［35］唐青 . 全覆盖背景下养老保险可持续发展研究——以财务可持续为主线［M］. 成都：西南财经大学出版社，2017.

［36］姜波，等 . 公平与效率的综合平衡——中国现代养老金体系的制度选择和实践路径［M］. 北京：经济科学出版社，2019：15.

［37］胡秋明 . 可持续养老金制度改革的理论与政策研究［M］. 北京：中国劳动社会保障出版社，2011.

［38］（美）本尼迪克特·克莱门茨，等 . 发达经济体与新兴市场经济体公共养老金改革的挑战［M］. 王佐发，译 . 北京：中国金融出版社，2015：10.

［39］路锦非，张路，郭子杨 . 养老保险基金中央调剂制度与地方征缴失衡：基于央—地互动视角的分析［J］. 公共管理学报，2023（3）：1-19.

［40］曾益，姚金 . 养老保险全国统筹、地方政府保费征缴行为与财政责任［J］. 经济理论与经济管理，2022，42（12）：48-59.

［41］吴万宗，邓智宇，曾益等 . 养老保险全国统筹的新阶段：全国统筹调剂制度能降低财政负担吗？［J］. 上海财经大学学报，2022，24（06）：64-77.

［42］王晓军，曾宇哲，郑晓彤 . 基于微观模拟的城镇职工基本养老保险全国统筹再分配效应研究［J］. 保险研究，2022，414（10）：102-111.

［43］杨俊 . 养老保险全国统筹的收入再分配效应研究［J］. 社会保障评论，2022，6（05）：79-89.

［44］路倩，王晓军 . 我国分省份预期寿命预测与养老金收入分配［J］. 统计研究，2022，39（08）：102-114.

［45］毛婷 . 养老保险全国统筹的基础养老金计发办法设计［J］. 江西财经大学学报，2022，142（04）：58-70.

［46］郑秉文 . 职工基本养老保险全国统筹的实现路径与制度目标［J］. 中国人口科学，2022，209（02）：2-16+126.

[47] 范堃，谭昕玥，钱林义，等.职工基本养老保险全国统筹待遇计发方案的优化研究［J］.华东师范大学学报（哲学社会科学版），2022，54（03）：172–183+188.
[48] 边恕，王子龙.基本养老保险全国统筹：政策内涵、制度衔接与央地关系［J］.地方财政研究，2022，210（04）：4–11.
[49] 魏建伟.全国统筹：养老保险的制度抉择［J］.中国社会保障，2022，333（04）：22–23.
[50] 洪祥.全国统筹的信息化“宝典”［J］.中国社会保障，2022，333（04）：23–25.
[51] 曾益，杨悦，姚金.养老保险全国统筹：经办服务“垂直管理”抑或“属地管理”？——基于基金可持续视角［J］.保险研究，2022，407（03）：84–98.
[52] 贾康.基本养老金全国统筹，有助提升共济功能［J］.法人，2022，217（03）：20–21.
[53] 杨洋.企业职工基本养老保险基金全国统筹管理模式研究［J］.社会保障研究，2021，79（06）：3–9.
[54] 刘德浩，崔文婕.职工养老保险全国统筹的理论逻辑与实现路径［J］.北京航空航天大学学报（社会科学版），2022，35（02）：62–74.
[55] 关博，王雯.实现养老保险全国统筹的制度梗阻和改革路径研究［J］.社会科学文摘，2021，72（12）：76–78.
[56] 曾益，杨悦.从中央调剂走向统收统支——全国统筹能降低养老保险财政负担吗？［J］.财经研究，2021，47（12）：34–48.
[57] 孙维.企业职工基本养老保险全国统筹：“渐进式”改革的困境与对策［J］.中央财经大学学报，2021，408（08）：15–25.
[58] 张立琼，田宋，席恒.基础养老金全国统筹：问题缘起、政策框架与制

度创新［J］. 社会保障研究，2021，77（04）：3-10.

［59］PENGJUN C ，LUNHUI S . Does Reduction of Contribution Rate Affect the Sustainability of China' s Basic Endowment Insurance Fund？—Based on the Background of National Pooling and Collection Responsibility Transformation［J］. Sustainability，2021，13（16）.

［60］施文凯，董克用 . 确立中央社会保障事项 推进养老保险全国统筹［J］. 中国行政管理，2021，430（04）：88-93.

［61］曹信邦，阙梦香 . 基本养老保险全国统筹的系统性整合研究［J］. 中国行政管理，2021，430（04）：94-98.

［62］董登新 . 美国养老保险的"全国统筹"特点［J］. 中国社会保障，2021，319（02）：56-57.

［63］杨燕绥，秦晨 . 养老保险全国统筹需要制度定型和体制保障［J］. 中国社会保障，2020，314（09）：31-33.

［64］王新梅 . 论养老金全国统筹的基本理念［J］. 社会保障评论，2019，3（04）：42-53.

［65］高山宪之，王新梅 . 日本如何分担公共养老金支付压力与实现全国统筹?［J］. 中国人力资源社会保障，2019，114（08）：42-43.

［66］房连泉 . 实现基本养老保险全国统筹的三种改革路径及利弊分析［J］. 北京工业大学学报（社会科学版），2019，19（03）：8-16.

［67］中国财政科学研究院社会发展研究中心课题组，杨良初，赵大全 . 构建我国基本养老保险全国统筹制度的政策建议［J］. 中国财政，2019，780（07）：59-61.

［68］邓大松，杨晶 . 中国城镇职工基础养老金给付水平及其非均衡性评价——基于省级统筹和全国统筹的测算［J］. 华中科技大学学报（社会科学版），2019，33（01）：17-28.

[69] 郑功成. 从地区分割到全国统筹——中国职工基本养老保险制度深化改革的必由之路[J]. 中国人民大学学报，2015，29(03)：2–11.

[70] 白维军，童星."稳定省级统筹，促进全国调剂"：我国养老保险统筹层次及模式的现实选择[J]. 社会科学，2011(05)：91–97.

[71] 白彦锋，王秀园. 全国养老保险中央调剂制度中激励相容问题研究[J]. 山东财经大学学报，2018，30(04)：65–74.

[72] 褚福灵. 关于基本养老保险全国统筹的思考[J]. 中国社会保障，2013(06)：36–38.

[73] 褚福灵. 加快实现养老保险全国统筹[J]. 北京劳动保障职业学院学报，2020，14(02)：8–12.

[74] 丛春霞，于洁，曹光源. 基础养老金统筹困境及推进全国统筹若干思考[J]. 地方财政研究，2016(11)：4–10.

[75] 邓大松，程欣，汪佳龙. 基础养老金全国统筹的制度性改革——基于国际经验的借鉴[J]. 当代经济管理，2019，41(03)：89–97.

[76] 邓大松，贺薇. 通往公平分配之路：基础养老金全国统筹中的政府责任分析[J]. 西藏大学学报(社会科学版)，2018，33(03)：187–191.

[77] 邓大松，薛惠元. 城镇职工基础养老金全国统筹的阻碍因素与对策建议[J]. 河北大学学报(哲学社会科学版)，2018，43(04)：103–112.

[78] 邓大松，余思琦，刘桐. 全国统筹背景下城镇职工基础养老金财政负担分析[J]. 社会保障研究，2018(02)：3–15.

[79] 傅從喜，林洺秀. 劳工保险年金制度财务平衡及自动调整机制之可行性研究[R]. 台湾地区"劳动部"劳动及职业安全卫生研究所研究报告，2014：61.

[80] 龚秀全. 中国基本养老保险全国统筹的制度转换成本与路径研究[J]. 人口与经济，2007(06)：64–69+39.

［81］郭秀云，邵明波．养老保险基金中央调剂制度的省际再分配效应研究［J］．江西财经大学学报，2019（03）：73–84.

［82］郭秀云，于丽平．从中央调剂到全国统筹的实现路径研究——来自养老金省级统筹的启示［J］．兰州学刊，2020（05）：174–185.

［83］何文炯，杨一心．基本养老保险全国统筹学理基础辨析［J］．中国社会保障，2015（07）：30–32.

［84］何文炯，杨一心．职工基本养老保险：要全国统筹更要制度改革［J］．学海，2016（02）：58–63.

［85］何文炯．基本养老保险全国统筹要明确三个问题［J］．中国社会保障，2018（11）：35.

［86］宏观经济研究院课题组．公共服务供给中各级政府事权、财权划分问题研究［J］．宏观经济研究，2005（05）：3–7+10.

［87］贾洪波，方倩．基础养老金省级统筹到全国统筹再分配效应的比较静态分析［J］．保险研究，2015（01）：100–111.

［88］李建平．社会保障“费”改“税”的制度性约束［J］．中央财经大学学报，2005（07）：28–30.

［89］李连芬，刘德伟．我国基本养老保险全国统筹的动力源泉与路径选择［J］．财经科学，2013（11）：34–43.

［90］林宝．基础养老金全国统筹的待遇确定方法研究［J］．中国人口科学，2016（02）：61–71+127.

［91］林毓铭．体制改革：从养老保险省级统筹到基础养老金全国统筹［J］．经济学家，2013（12）：65–72.

［92］刘德浩．养老保险统筹层次问题的产生机理及其解决思路［J］．江西财经大学学报，2010（06）：43–47.

［93］刘涛．德国养老保险制度的改革：重构福利国家的边界［J］．公共行政

评论，2014，7（06）：7–27.
[94] 刘伟兵，韩天阔，刘二鹏，等 . 养老保险全国统筹中的待遇确定方法与“福利损失”研究 [J]. 保险研究，2018（04）：86–97.
[95] 卢建平 . 关于养老保险全国统筹的思考 [J]. 中国劳动，2014（10）：18–21.
[96] 鲁全 . 改革开放以来的中国养老金制度：演变逻辑与理论思考 [J]. 社会保障评论，2018，2（04）：43–55.
[97] 穆怀中，闫琳琳，张文晓 . 养老保险统筹层次收入再分配系数及全国统筹类型研究 [J]. 数量经济技术经济研究，2014，31（04）：19–34.
[98] 庞凤喜，贺鹏皓，张念明 . 基础养老金全国统筹资金安排与财政负担分析 [J]. 财政研究，2016（12）：38–49.
[99] 裴育，史梦昱，贾邵猛 . 地区养老发展差异下的中央调剂金收付研究 [J]. 河北大学学报（哲学社会科学版），2019，44（04）：62–71.
[100] 彭浩然，王琳琳 . 中央调剂金比例对养老保险基金地区差距的影响 [J]. 保险研究，2019（07）：106–115.
[101] 齐海鹏，杨少庆，尹科辉 . 我国基础养老金全国统筹障碍分析及方案设计 [J]. 地方财政研究，2016（11）：26–33.
[102] 石晨曦，曾益 . 破解养老金支付困境：中央调剂制度的效应分析 [J]. 财贸经济，2019，40（02）：52–65.
[103] 王丽华 . 美国联邦社会养老保险基金的管理实践及启示 [J]. 河北企业，2020（01）：111–112.
[104] 魏南枝，何建宇 . 制度碎片化与财政困境——法国养老保险制度改革及其对中国的启示 [J]. 国家行政学院学报，2015（02）：135–139.
[105] 席恒，梁木 . 基本养老保险全国统筹可能性分析 [J]. 社会保障研究，2009（01）：3–9.

［106］席恒．全国统筹的关键一环：基础养老金全国统支［J］．中国社会保障，2019（01）：30–32.

［107］肖严华，左学金．全国统筹的国民基础养老金框架构建［J］．学术月刊，2015，47（05）：63–72.

［108］徐森，米红．养老保险统筹基金“从全国调剂到全国统筹”方案的政策仿真［J］．中国社会保障，2014（08）：36–37.

［109］杨燕绥，黄成凤．从中央调剂到全国统筹的质变与路径［J］．中国人力资源社会保障，2018（03）：13–15.

［110］岳公正，陆云燕．美国社会养老保险基金投资运营的政府管制经验及对我国的启示［J］．经济纵横，2017（07）：118–122.

［111］张彬斌．基本养老保险统筹层次提升路径分析［J］．中国劳动，2014（07）：10–13.

［112］张曼．发达国家养老保险的发展及对我国的启示——以美、日为例［J］．劳动保障世界，2017（09）：22.

［113］张向达，刘儒婷，胡鹏，吕珊珊．实现基本养老保险基金全国统筹路径探讨［J］．财经问题研究，2011（08）：60–65.

［114］赵仁杰，范子英．养老金统筹改革、征管激励与企业缴费率［J］．中国工业经济，2020（09）：61–79.

［115］郑秉文，孙永勇．对中国城镇职工基本养老保险现状的反思——半数省份收不抵支的本质、成因与对策［J］．上海大学学报（社会科学版），2012，29（03）：1–16.

［116］郑秉文 a．中国统账结合养老保障现状、问题与出路［J］．中国市场，2013（27）：32–36.

［117］郑秉文 b．中国社会保险经办服务体系的现状、问题及改革思路［J］．中国人口科学，2013（06）：2–16+126.

[118] 郑功成.尽快推进城镇职工基本养老保险全国统筹[J].经济纵横，2010(09): 29–32.

[119] 郑功成.实现全国统筹是基本养老保险制度刻不容缓的既定目标[J].理论前沿，2008(18): 12–15.

[120] 郑功成.中国养老金：制度变革、问题清单与高质量发展[J].社会保障评论，2020，4(01): 3–18.

[121] 中国财政科学研究院社会发展研究中心课题组，杨良初，赵大全.构建我国基本养老保险全国统筹制度的政策建议[J].中国财政，2019(07): 59–61.

[122] 周宵，刘洋.中国基本养老保险统筹升级路径研究——基于政府间事权和支出责任视角[J].学习与探索，2019(04): 126–132.

[123] 邹丽丽，顾爱华.基础养老金统筹层次提升中政策执行风险研究[J].上海行政学院学报，2016，17(01): 96–104.

附录：国家及地区缩略语

AR…………Argentina

AT…………Austria

AU…………Australia

BE…………Belgium

BG…………Bulgaria

BR…………Brazil

CA…………Canada

CEE…………Central and Eastern Europe

CH…………Switzerland

CL…………Chile

CO…………Colombia

CN…………China

CZ…………Czech Republic

CY…………Cyprus

DB…………Defined benefit

DC…………Defined contribution

DE…………Germany

DK…………Denmark

EC…………European Commission

ECB…………European Central Bank

EE…………Estonia

ES…………Spain

FI…………Finland

FR…………France

GDP…………Gross domestic product

GR…………Greece

HK…………Hong Kong

HR…………Croatia

HU…………Hungary

IE…………Ireland

IMF…………International Monetary Fund

IN…………India

ID…………Indonesia

IT…………Italy

JP…………Japan

KR…………South Korea

Latam…………Latin America

LT…………Lithuania

LU…………Luxemburg

LV…………Latvia

MT…………Malta

MX…………Mexico

MY…………Malaysia

NL…………Netherlands

NO…………Norway

NZ…………New Zealand

OECD………Organization for Economic Co–operation and Development

PAYG…………Pay–as–you–go

PE…………Peru

PH…………Philippines

PL…………Poland

PSI…………Pension Sustainability Index

PT…………Portugal

RIA…………Retirement Income Adequacy

RU…………Russian Federation

RO…………Romania

SE…………Sweden

SG…………Singapore

SI…………Slovenia

SK…………Slovakia

TH…………Thailand

TR…………Turkey

TW…………Taiwan

UK…………United Kingdom

UN…………United Nations

USA…………United States

ZA…………South Africa